国家安全教育
公共基础课
案例研析

谢波　曹亚男　李玉菁　编著

清华大学出版社
北京

内 容 简 介

本书服务于全面加强国家安全教育的国家战略需求,坚持以总体国家安全观为引领,以"大安全"理念下重点安全领域的风险治理为核心关注议题,聚焦传统安全和非传统安全风险,选取相关典型案例,"以案释安"展开分析研究。本书还就各安全领域摘录所涉重要政策话语和法律制度表达,以及可供拓展学习的近年来发表的论文,希冀多维、立体地展示典型案例的全貌,为新时代新征程推进国家安全体系和能力现代化提供相对系统的案例和政策制度参考。本书可供读者开展国家安全教育和国家安全学研究参考使用。

图书在版编目(CIP)数据

国家安全教育公共基础课案例研析 / 谢波,曹亚男,李玉菁编著.

北京:清华大学出版社,2025. 7. --ISBN 978-7-302-69986-6

Ⅰ. D631

中国国家版本馆 CIP 数据核字第 2025PZ8089 号

责任编辑:刘　晶
封面设计:徐　超
责任校对:宋玉莲
责任印制:刘海龙

出版发行:清华大学出版社
   网 址:https://www. tup. com. cn,https://www. wqxuetang. com
   地 址:北京清华大学学研大厦 A 座 邮 编:100084
   社 总 机:010-83470000 邮 购:010-62786544
   投稿与读者服务:010-62776969, c-service@ tup. tsinghua. edu. cn
   质量反馈:010-62772015, zhiliang@ tup. tsinghua. edu. cn

印 装 者:三河市东方印刷有限公司
经 销:全国新华书店
开 本:185mm×260mm 印 张:9.75 字 数:197 千字
版 次:2025 年 8 月第 1 版 印 次:2025 年 8 月第 1 次印刷
定 价:49.80 元

产品编号:109729-01

　　本书为重庆市高等教育教学改革研究项目"'新文科+新课程'双重背景下国家安全教育公共基础课案例教学探索与实践"(项目编号:222059)、重庆市研究生教育教学改革研究项目"总体国家安全观指引下国家安全学研究生专业课案例教学模式研究与实践"(项目编号:YJG233045)、重庆市教育科学规划项目"国家安全学人才培养教学案例库的建设与应用研究"(项目编号:CK23YY20230024)成果。

作者简介

谢波，西南政法大学国家安全学院副院长、教授，主要从事国家安全思想与理论、新型领域安全研究。在《国家安全研究》《国家安全论坛》《中国人民公安大学学报（社会科学版）》《中国信息安全》等专业刊物上发表学术论文 60 余篇。其中多篇被中国人民大学复印报刊资料全文转载，《新华文摘》《中国社会科学文摘》论点摘编；在光明网、中国理论网、中国社会科学网、法治网等新媒体发表国家安全相关理论文章 40 余篇；出版《新时代国家安全治理话语体系研究》（清华大学出版社 2024 年版）等专著 4 部，主持国家社科基金重大项目子课题 1 项、国家高端智库课题 1 项、其他省部级科研和教学项目 14 项；获得中国法学会、中国警察协会、重庆市教委、重庆市社科联等单位颁发的学术奖励多项。

曹亚男，西南政法大学总体国家安全观研究院研究人员，主要从事国家安全治理研究。

李玉菁，西南政法大学总体国家安全观研究院研究人员，主要从事国家安全治理研究。

序

国家安全是民族复兴的根基，社会稳定是国家强盛的前提。

国家安全是中国式现代化行稳致远的重要基础。

国之大者，安全为要。

党的二十大报告、二十届三中全会和国务院新闻办公室在 2025 年 5 月发布的《新时代的中国国家安全》白皮书对"国家安全"的上述定位，清晰说明了国家安全在新时代党和国家事业发展全局中"国之大者"的重要地位。

环顾当今世界，百年大变局加速演进，世界之变、时代之变、历史之变正以前所未有的方式展开，国际格局和国际体系正发生深刻调整，国际局势愈发波谲云诡，中国面临的安全形势日趋复杂严峻。没有国家安全，改革发展取得的成果就可能毁于一旦。古人云"乱则国危，治则国安"，也言"居安而念危，则终不危；操治而虑乱，则终不乱"。在这样的时代背景下，我们必须深刻认识治乱安危之间的关系，统筹发展和安全，增强忧患意识，做到居安思危。国家安全学这一新兴交叉学科应运而生，国家安全教育日益深入人心，并得到蓬勃发展。近年来，理论界、实务界积极服务国家战略需求，围绕国家安全做了大量工作，开展了不少研究，形成了优质成果，可以说这些成果是党的十八大以来国家安全工作取得历史性成就、发生历史性变革的重要组成部分。尽管国家安全学已逐渐成为"显学"，国家安全教育也已经成为"要事"，但是，在通过国家安全研究和国家安全教育推进构建国家安全自主知识体系上，可以说仍有一段很长的路要走。

谢波、曹亚男、李玉菁师生共同编著的这本《国家安全教育公共基础课案例研析》（以下简称《案例研析》）正是通往这条道路上的一项代表性学术成果，而且很可能是国家安全领域国内第一部案例研究成果。事实上，不同于哲学、法学、历史学、经济学、管理学等传统的学科建设路径，国家安全学学科自 2020 年 12 月正式设立到后续的建设发展可谓"自上而下"，时间短、任务重，且具有很强的政治性、现实性、实践性，在这种情况下开展国家安全研究便慢不得、等不得，也不能仅仅是从理论到理论，而是要更多关照到理论与实践之间的贯通，以及学科发展规律和国家战略急需之间的平衡。在国家安全理论与实践领域，我们常说的"统筹"二字，用到这里最合适不过了——要统筹好理论与实践，统筹好学科建设发展和国家战略急需。从《案例研析》一书的编写风格看，其正是一件"统筹"后的学术作品，该书坚持以总体国家安全观为指引，以国家安全形势变化新特点新趋势为背景，以若干国家安全典型案例为研究对象，把现实需求、思想理论、政策表达和法律制度通过"案例"这一中介连接了起来，打通了壁垒，关照了现实，强化了体系。

通览全书，我认为《案例研析》具有三个显著的特点。

第一，关注现实，直面风险。该书所选案例既涉及传统安全领域，也涉及科技、网络、数据、生态、生物等非传统安全领域，且这些案例都具有较好的代表性、可读性，谢波老师还告诉我，部分案例研究已在国家安全教育教学中加以使用，接受"实践"检验，并得以深入思考改进。这些说明作者对当前传统安全威胁和非传统安全威胁相互交织的风险挑战非常关注，同时注意对典型案例的收集整理及使用，让案例充分发挥服务教学科研的作用。

第二，贯穿理论，自觉运用。作为新时代维护和塑造国家安全的根本遵循和行动指南，总体国家安全观系统全面、内涵丰富、思想深邃，其关键在"总体"二字，突出强调"大安全"理念，背后蕴含着战略思维、系统思维、底线思维、极限思维、法治思维、创新思维等一系列科学的思维方法，开展国家安全研究必须始终贯穿总体国家安全观，该书对每个案例的分析研究，都从不同维度呈现出总体国家安全观的核心要义，自觉运用了总体国家安全观的基本立场、观点、方法。

第三，抛砖引玉，实用好用。从该书编写体例来看，既有对国家安全案例的深入研析，作者又特意列出总体国家安全观相关重点的政策表述、制度安排，以及可供参考学习的学术论文，还以附录形式对总体国家安全观相关重要论述作了辑录，这些无疑能够起到很好的学习索引功能，方便读者进行学习使用。

此外，该书还特别适合作为开展国家安全教育教学的参考资料，助力师生通过一个个鲜活的案例，更好学习把握总体国家安全观的精髓要义。也正是在这个意义上，该书又具有著作和教材的跨界性，让读者可以根据自身教学科研需要，各取所需，各有所得。

作为新中国最早建立的高等政法学府，西南政法大学近年来主动服务国家战略急需，在国家安全领域持续发力，于2018年成立全国普通高校首个国家安全学院，2021年获全国首批国家安全学一级学科博士学位授权点，2022年面向全校各专业本科生开设《国家安全教育》通识课，2023年获全国首批国家安全学博士后科研流动站，2024年成为全国首批招收海外利益安全本科专业的高校。目前，学校已经构建起"本硕博（后）"相贯通的国家安全拔尖创新人才培养体系。西南政法大学国家安全学院、国家安全学学科平台资源，为教书育人创造了良好氛围，也为包括本书在内的国家安全学学术成果的形成提供了良好的条件，我们将一如既往支持一批批师生成长成才，推动一批批研究成果面世。

博观而约取，厚积而薄发。希望谢波老师及其师生团队厚植家国情怀，保持学术热情，加强学习研究，持续用力，久久为功，坚持以总体国家安全观为引领，为新时代国家安全学学科建设和国家安全教育、为推进国家安全体系和能力现代化贡献更多学术精品。

是为序。

西南政法大学党委常委、副校长 胡尔贵

2025 年 6 月 13 日

于西政渝北校区勤业楼

法律法规全称简称对照表

《中华人民共和国反间谍法》——《反间谍法》

《中华人民共和国保守国家秘密法》——《保守国家秘密法》

《中华人民共和国国家情报法》——《国家情报法》

《中华人民共和国刑法》——《刑法》

《中华人民共和国国家安全法》——《国家安全法》

《中华人民共和国国防法》——《国防法》

《中华人民共和国军事设施保护法》——《军事设施保护法》

《中华人民共和国外商投资法》——《外商投资法》

《中华人民共和国银行业监督管理法》——《银行业监督管理法》

《中华人民共和国非物质文化遗产法》——《非物质文化遗产法》

《中华人民共和国文物保护法》——《文物保护法》

《中华人民共和国反恐怖主义法》——《反恐怖主义法》

《中华人民共和国突发事件应对法》——《突发事件应对法》

《中华人民共和国传染病防治法》——《传染病防治法》

《中华人民共和国食品安全法》——《食品安全法》

《中华人民共和国科学技术进步法》——《科学技术进步法》

《中华人民共和国网络安全法》——《网络安全法》

《中华人民共和国电信条例》——《电信条例》

《中华人民共和国数据安全法》——《数据安全法》

《中华人民共和国个人信息保护法》——《个人信息保护法》

《中华人民共和国反外国制裁法》——《反外国制裁法》

《中华人民共和国对外关系法》——《对外关系法》

《中华人民共和国湿地保护法》——《湿地保护法》

《中华人民共和国环境保护法》——《环境保护法》

《中华人民共和国海洋环境保护法》——《海洋环境保护法》

《中华人民共和国水土保持法》——《水土保持法》

《中华人民共和国大气污染防治法》——《大气污染防治法》

《中华人民共和国防沙治沙法》——《防沙治沙法》

《中华人民共和国长江保护法》——《长江保护法》

《中华人民共和国黄河保护法》——《黄河保护法》

《中华人民共和国节约能源法》——《节约能源法》

《中华人民共和国矿产资源法》——《矿产资源法》

《中华人民共和国森林法》——《森林法》

《中华人民共和国野生动物保护法》——《野生动物保护法》

《中华人民共和国渔业法》——《渔业法》

《中华人民共和国生物安全法》——《生物安全法》

《中华人民共和国进出境动植物检疫法》——《进出境动植物检疫法》

《中华人民共和国国境卫生检疫法》——《国境卫生检疫法》

《中华人民共和国领事保护与协助条例》——《领事保护与协助条例》

《中华人民共和国农业法》——《农业法》

《中华人民共和国粮食安全保障法》——《粮食安全保障法》

目　录

绪　　论

一、本书编写的背景

这个开篇绪论，既是本书的引言，亦是本书的后记。笔者想在此交代一下编著本书的一些初步考虑，谈一点儿自己的认识，以及希冀使用本书可能达致的预期目标。因此，就把引言和后记"合二为一"了。

本书的写作缘起于笔者近几年研习国家安全学的一些思考，以及在此基础上形成的学术理想——以总体国家安全观为指引（既包括总体国家安全观的核心要义，也包括总体国家安全观内蕴的方法论意义），编写一本重点领域风险治理典型案例研究方面的著作。现在，这个朦胧的理想终于在师生的共同努力下变成了真正的书稿。而之所以有这样的想法，或许跟笔者工作所在政法院校较为倡导案例教学，以及自身的管理学、法学专业背景有关，但更为重要的一个原因在于，在研习国家安全学过程中，笔者深感案例之于国家安全教育教学和科学研究均有着特殊的重要性，案例可以将国家安全理论与实践"自然而然"地粘连起来，而市面上还没有一本类似于国家安全案例研究的著作。作为近年来出于国家战略需要设置的一个年轻的交叉学科，国家安全学非常强调相关知识产生"化学反应"式的交叉融合，而案例却莫不带有相当的综合性、复杂性（即便是某一领域安全的案例也往往如此），其无疑是实践发展的产物，同时也可以为国家安全理论分析提供鲜活的内容，而且通过案例研究还可以为维护和塑造国家安全提供诸多有益的启示。如果用于研究的案例是优质的、典型的案例，那么其研究价值无疑就更大了。因此，在国家安全研究中聚焦典型案例开展研究是十分必要的，未来很可能成为颇具吸引力的"显学"。

从国家宏观层面来看，笔者的这一学术理想可以说有着深刻的时代背景，那就是进入新时代，中华民族伟大复兴战略全局和世界百年未有之大变局这"两个大局"同步交织、相互激荡、彼此影响。当前，世界之变、时代之变、历史之变正以前所未有的方式展开，这些变化既深刻影响着中国，也深刻影响着世界。对于我们而言，我国发展进入战略机遇和风险挑战并存、不确定难预料因素增多的时期，传统安全威胁和非传统安全威胁交织叠加、复杂演变，"黑天鹅""灰犀牛"事件随时可能发生，我国安全形势的不确定性、不稳定性明显增大。也正是在这样的时代背景下，从"保证国家安全是头等大事"〔1〕"国家安全是安邦定国的重要基石"〔2〕，到党的二十大报告指出"国家安全是民族复兴的根基，社会稳定是国家强盛的前提"〔3〕，再到党的二十届三中全会强调"国家安全是中国式现代化行稳致远的重要基础"〔4〕，维护国家安全的重要性、紧迫性愈发凸显，我们对国家安全含义的认识日益走向深化。

关于国家安全面临的形势，2014 年 4 月 15 日，习近平主席主持召开中央国家安全委员会第一次会议，强调"要准确把握国家安全形势变化新特点新趋势，坚持总体国家安全观，走出一条中国特色国家安全道路"〔5〕，提出展现总体国家安全观精髓要义的"五大要素""五对关系"。习近平主席同时指出"当前我国国家安全内涵和外延比历史上任何时候都要丰富，时空领域比历史上任何时候都要宽广，内外因素比历史上任何时候都要复杂"。〔6〕这些具有原创性贡献的重要论述既创造性提出了总体国家安全观——这是新时代国家安全理论创新的重大成果，是维护和塑造国家安全的根本遵循和行动指南，并由此形成贯彻总体国家安全观的一系列生动实践活动。2023 年 5 月30 日，习近平主持召开二十届中央国家安全委员会第一次会议，强调"当前我们所面临的国家安全问题的复杂程度、艰巨程度明显加大。国家安全战线要树立战略自信、坚定必胜信心，充分看到自身优势和有利条件。要坚持底线思维和极限思维，准备经受风高浪急甚至惊涛骇浪的重大考验"。〔7〕这些无不深刻反映出当前复杂严峻的国家安全形势，时代话语体系中的"三个比历史上任何时候""风高浪急""惊涛骇浪"等表述均清晰呈现出了这一点。

就教育教学和科学研究而言，在研习国家安全学过程中，笔者深切地体会到国家安全相关案例往往呈现出多种因素影响下的复杂性、实践性，同时案例一头又连着"枯燥"的理论，另一头又连着"鲜活"的实践，是国家安全理论与实践的最佳"复合品"，通过对重点领域风险治理典型案例展开相对深入的研究，可以帮助我们更加深刻地理解当前"国家安全"的表现样态，以及更好地贯彻落实总体国家安全观，增强国家安全意识和素养，提高观察分析国家安全问题和维护国家安全的能力。当然，从加强国家安全教育和推进国家安全学学科建设角度来说，本书在收集整理公开资料基

---

〔1〕 中共中央党史和文献研究院编：《习近平关于总体国家安全观论述摘编》，北京，中央文献出版社 2018 年版，第 3 页。

〔2〕 习近平：《决胜全面建成小康社会 夺取新时代中国特色社会主义伟大胜利》，北京，人民出版社 2017 年版，第 49 页。

〔3〕 习近平：《高举中国特色社会主义伟大旗帜 为全面建设社会主义现代化国家而团结奋斗：在中国共产党第二十次全国代表大会上的报告》，北京，人民出版社 2022 年版，第 52 页。

〔4〕 《中共中央关于进一步全面深化改革 推进中国式现代化的决定》，北京，人民出版社 2024 年版，第40 页。

〔5〕 习近平：《习近平著作选读》（第一卷），北京，人民出版社 2023 年版，第 234 页。

〔6〕 习近平：《习近平著作选读》（第一卷），北京，人民出版社 2023 年版，第 235 页。

〔7〕 《习近平主持召开二十届中央国家安全委员会第一次会议强调 加快推进国家安全体系和能力现代化 以新安全格局保障新发展格局》，载《人民日报》2023 年 5 月 31 日，第 1 版。

础上选取的典型案例及其初步研究，也算为一直以来笔者所倡导的国家安全教育、国家安全人才培养应注重案例教学，准备了一些带有研究性的"原材料"。试想，如果没有这些原材料，国家安全教育就很容易变成空洞乏味的"说教"，导致老师"教得累"，学生"学得苦"，而国家安全人才培养则缺乏必要的实践材料支撑，难以达致培养具有宽广视野、战略思维的国家安全高层次人才之目标。

在此，本书仍然有以下几点特别说明，需要向读者道来。

第一，本书在框架结构上，共分为两大块内容，即绪论和重点领域风险治理案例研究。其中，绪论主要对本书编写的总体考虑，以及为什么在国家安全教育、国家安全人才培养中有必要引入案例教学进行学理层面的阐述分析，这实际上也就提出了使用案例的基本方式，而案例研究部分则是对个案进行分析研究。在案例的选取上，本书大都选择涉及我国国家安全的典型案例，少量选择了一些国外发生但对我国具有较好启示意义的典型案例，并坚持以总体国家安全观为指引对这些案例进行分析研究。

第二，本书在重点领域风险治理案例研究部分，每部分的编写体例大致为该部分提要、典型案例概况和案例研析、所涉政策话语和制度表达摘录，以及该部分的拓展研析资料。其中，之所以摘录政策话语和制度表达，目的在于向读者更加全面地展示案例所涉及的政策表达和法律制度规定，同时也可以起到一定的索引作用，摘录的政策话语均源自权威媒体或出版物（大多可通过人民网开设的"习近平系列重要讲话数据库"进行检索查阅）。至于每一部分的拓展研析资料，则是精炼地选取近年来公开发表的7篇左右的相关论文（因为论文相较于著作往往能更快地反映研究的前沿性），供读者进一步研析参考，每篇论文后括号里的内容是对研析的提示，当然也构成了本部分值得深入思考的问题。

第三，本书在案例概况的编写方面，均选择使用公开的信息资料，以便相对完整而简明地向读者展示案例的相关情况，对于编写案例概况所用到的信息资料，虽最大限度使用脚注加以标明，但难免出现遗漏处，在此对信息资料的原始提供者表示衷心感谢。

第四，本书的主要参考文献列举了近年来对总体国家安全观进行直接研究的成果，这些成果选自权威的报纸杂志和出版社，这既是本书开展案例研究的重要参考文献，也是方便读者进一步查阅相关著述，以深入学习领会总体国家安全观的资源来源。

最后，编著本书一段时间以来我们付出了艰苦努力，但毕竟本书还只是一种尝试，其中存在的问题与不足在所难免，案例研析还没完全做到精细周密，相关研究论述也远未达到完美无缺，对此希望读者见谅，我们将在未来的学习研究中持续作出更新与完善。

二、为什么倡导案例教学

党的二十大报告以专章对国家安全作出战略部署，强调要"全面加强国家安全教育""增强全民国家安全意识和素养"。[1] 就高校国家安全教育而言，国家安全相关课程是基础核心要素。2020 年 9 月，教育部下发《大中小学国家安全教育指导纲要》（以下简称《指导纲要》），提出高校开设"国家安全教育公共基础课"（以下简称"国安通识课"），要求国家安全教育"坚持方式多样、交叉融合"。同年 11 月，《新文科建设宣言》发布，提出推进文科交叉融合，推动文科教育模式创新，夯实文科课程体系。案例教学关注学生的学习主体地位，注重培养学生获取知识和实践应用的综合能力，与新文科交叉融合理念下的知识与思维革新高度契合，为国安通识课教学改革创新提供了可行路径选择。但由于国安通识课尚属新课程，既有理论和实践对课程的探索并不深入，为此应以构建国安通识课案例教学模式为突破口，探索国安通识课教学发展之路径。

（一）国家安全教育通识课案例教学之可行性分析

作为一种引导式教学模式，案例教学要求教师以案例素材为基础，为学生创设一种包含多层次问题的具体情景，引导学生对情景中出现的冲突点进行分析、讨论并形成观点。国安通识课案例教学模式旨在创设更新颖的课堂呈现方式，利用多种方式与手段培养学生从多层次、多维度分析解决国家安全问题的能力。案例教学要达到的教学目的与国安通识课所要贯彻的教学理念高度契合。

1. 案例教学与国家安全教育"生动鲜活"的要求相适应

国安通识课案例教学的目的决定了在案例教学过程中，教师要利用多种手段、通过丰富多彩的内容引导学生自行分析解决国家安全问题，这一特点与《指导纲要》提出的国家安全教育要"生动鲜活"的要求相适应。案例教学注重课堂互动和师生、生生双向交流。[2] 当前，高校学生多是"00 后"，思维活跃、接受新鲜事物速度快是其突出特点，学生敢于在课堂上积极发表观点，注重与同学之间的合作。在国安通识课案例教学模式下，学生可以作为小组的一员进入教师所创设的国家安全案例情景中，通过与他人合作与辩论得出自己的观点、作出假设并验证结果。在这一过程中，思维的碰撞使得教学的开放性、互动性大大增强。国家安全教育理念指引下的国安通识课注重引导学生主动认知国家安全理论、培养学生独立分析解决国家安全问题的能力。在案例教学模式下，国安通识课的课堂内容和氛围将更加丰富多彩、生动活泼。

按照总体国家安全观的精髓要义，其涵盖政治、军事、国土、经济、文化、社会、科技、网络、生态、资源、核、海外利益、太空、深海、极地、生物等诸多领域。[3] 然而目前学生在谈及国家安全时更多关注的是政治、军事等传统安全领域，对非传统

---

〔1〕 习近平：《高举中国特色社会主义伟大旗帜 为全面建设社会主义现代化国家而团结奋斗：在中国共产党第二十次全国代表大会上的报告》，北京，人民出版社 2022 年版，第 53 页。

〔2〕 戴艳军、汪晶晶等：《赓续创新：思想政治教育案例教学的回顾与展望》，载《思想政治教育研究》2021 年第 6 期。

〔3〕《中共中央关于党的百年奋斗重大成就和历史经验的决议》，北京，人民出版社 2021 年版，第 56 页。

安全领域则知之甚少[1]，甚至将相关内容"神化"；还有人认为，作为一名学生，国家安全与己关系不大。由是，"国家安全"概念在高校学生中的印象中颇为局限，而国安通识课案例教学的意义正在于，在课堂上更多使用非传统安全领域案例素材，打破学生对国家安全仅仅谈论政治、军事的刻板、僵化印象，使其充分认识到文化、科技、网络等与日常生活紧密相关的领域同样是国家安全关注的重点，从而增强国安通识课的全面性、生动性。

此外，国安通识课的对象覆盖全部大学教育阶段的学生，受众广泛且不同教育层级、不同专业学生差异化突出。因此对不同层级的对象，国安通识课教学也应采取不同策略，才能达到"因人制宜"之效果。在国安通识课案例教学模式下，教师结合本教育层级的国安通识课教学目标与内容，利用国安通识课案例库或自编国家安全案例，以达到设定的教学效果。针对不同专业学生，国安通识课的教学侧重点也应有所区别，例如，政法院校的学生较其他院校的学生具备更高的政治素养，更易接受国家安全的基础知识，因此要着力培养这些学生的国家安全意识和素养。针对不同阶段、不同专业教育对象的教学安排，体现了将案例教学作为国安通识课教学模式的优越性。

2. 案例教学与国家安全教育"坚持方式多样"的原则相衔接

根据《指导纲要》，国家安全教育的基本原则之一即"坚持方式多样"。落实高校国家安全教育，拓展教育形式系关键途径，只有构建多方联动配合的国家安全教育体系，才能为国家安全教育一体化建设提供体系性支持。在这个意义上，作为一种具有开放性、互动性的教学模式，国安通识课案例教学与国家安全教育"坚持方式多样"原则可谓紧密衔接。《指导纲要》提出，通过组织讲座、参观、调研、体验式实践活动等方式进行案例分析，积极引导学生自主参与、体验感悟。国家安全知识谱系中必然包含大量经验材料和典型案例，而在这些材料与案例中往往含有多种多样的子问题，使用何种方式深度挖掘这些子问题，成为国家安全教育之关键。国安通识课案例教学关注师生在课堂上的交流互动，重视在有条件的前提下充分利用多种资源，通过国家安全实践活动创设真实情景，启发学生观察现实、分析解决国家安全问题。这不仅能引导学生更好把握国家安全基础知识框架，而且能够拓展学生的学科视野，并提升其应用能力。

当然，国家安全基础知识有其独特的专业性，其涉及复杂的社会系统，不仅需要国家安全知识支撑，亦需得到多学科理论支持。国安通识课案例教学所使用案例往往具有多种理论的交叉性、主体的多元性、问题结构的多层次性、矛盾的集聚性和价值观的冲突性。譬如，国安通识课案例教学不仅要运用国家安全核心知识理论，还要使用与案例相关的其他学科理论。通过国安通识课案例教学，将专门课程与学科融入有

---

[1] 传统安全和非传统安全是一对具有矛盾关系的概念，目前学界一般认为国家安全包含的重点领域中，政治安全、国土安全、军事安全属于传统安全领域，其他则属非传统安全领域。

机结合起来，能够拓展教学活动之内容，利用相关学科强化国安通识课的教学效果。

当前，各教育阶段的国安通识课都围绕总体国家安全观展开，而总体国家安全观内涵丰富、思想深邃，是一个系统完整、逻辑严密、相互贯通的科学理论体系。[1] 与之相对应，国安通识课教学首先要从理论与实践两个维度使各学段、各专业学生掌握一定的基础知识和实践技能。国安通识课案例教学包括以国家安全问题或焦点为导向、本质上关注国家安全实践产生的经验、力图发展学生知识水平和应用能力等关键要素。国安通识课案例教学使用的案例通常为具有多层次问题的国家安全综合性案例，学生不仅要具备一定的理论基础知识，而且也要具备相应的应用能力，这有利于学生提高辨别国家安全风险和危机的能力，让国家安全意识在自己的思想中落地生根。[2] 同时，国家安全面临的是一个复杂的社会系统，教学使用的综合性案例将国家安全问题具象化，从而在理论与实践之间架起桥梁。

3. 案例教学与新文科建设"交叉融合"的理念相统合

推动文科教育融合发展是新文科建设的必然选择。新文科"交叉融合"之理念集中表现为打破传统文科发展模式，以广阔的学术视角、深度的学科交流、独到的问题意识破除学科专业壁垒，推动跨学科专业的知识融合。[3] 国安通识课案例教学充分挖掘案例资源中蕴含的国家安全问题，把理论与实践、课程重要知识点、不同学科有机融贯起来，打通国家安全知识点之间的隔膜，以案例"融通"解决学生知识掌握碎片化、分析解决问题能力弱等问题，助力其形成整体性国家安全意识，提升其维护国家安全能力，从而助推国安通识课教学目标之整体实现，提升国安通识课的育人实效。

国安通识课的一个重要教学目标，即变"注重知识"为"知识运用+能力提升"，改进传统教学偏重书本"死知识"之弊。教育家杜威曾说，最好的一种教学是牢记学校教材和实际经验联系的必要性，使学生养成一种态度，习惯寻找这两方面的接触点与相互联系。从"教"的角度分析，国安通识课案例教学提供了非线性、凸显基于情境的国家安全实践问题解决的学习机会，鼓励教学过程中师生立体的互动；就"学"的角度而言，国安通识课案例教学有利于开发学生对国家安全基础知识的理解及应用能力，通过讨论、模拟和反思提高学生实践能力，扩大社会认知面，鼓励批判性思考，培养和发展自学能力和自主性思维习惯。[4] 通过案例教学，国安通识课能重点培养学生在总体国家安全观指引下，分析国家安全问题和维护国家安全的能力，达成教学目标。值得注意的是，国家安全问题从来都不是单一出现的，而是与其他安全风险集聚交错，形成综合性安全风险体系。如果国安通识课教学只对各领域进行单独讲解，则

---

[1] 中共中央宣传部、中央国家安全委员会办公室编：《总体国家安全观学习纲要》，北京，学习出版社、人民出版社 2022 年版，第 8 页。

[2] 马瑞映、杨松主编：《新时代高校国家安全教育通论》，北京，高等教育出版社 2022 年版，第 220 页。

[3] 周杰、林伟川：《地方院校新文科专业建设的掣肘及路径》，载《教育评论》2019 年第 8 期。

[4] 牟晖、郝卓凡等：《中美案例教学法对比研究》，载《管理案例研究与评论》2021 年第 4 期。

会造成国家安全知识间形成壁垒，影响学生提高知识水平和实操能力，无法达成教学效果。而国安通识课案例教学的一大优势就在于，教学过程中从真实的国家安全实践出发，使用真实国家安全案例，经过分析，从中提炼出不同类型、不同层次、不同领域的国家安全问题，促使学生主动结合不同知识要点分析解决问题，避免产生知识壁垒。显然，国安通识课案例教学有助于不同理论要点相互融合，达到学习的新层次，实现事半功倍之效果。

（二）国家安全教育通识课案例教学要解决的主要问题

尽管国安通识课案例教学符合新时代教育要求，具有广阔发展前景。但也应看到，无论案例教学本身抑或国安通识课教学，都还存在一些突出问题，如将"案例教学"简单与"举例教学"画等号的认知偏差；国安通识课案例库尚未建立，案例资源匮乏；教师授课仍多采"讲授式"单一教学方法；国家安全知识要点仍存隔膜等。而国安通识课案例教学正是要以这些问题为导向，扬其优势以促问题之解决。

1. 校正把"举例教学"等同于案例教学的认识偏差

受传统知识观影响，人们多将案例教学定位为一种教学方法，忽视其背后蕴含的教学思维转变。因此，案例教学往往同"举例教学"画等号，一些教师认为案例教学就是在讲授理论过程中，以举例子的方式帮助学生理解基础理论、加深印象，促进学生掌握知识点。在举例教学过程中，例子的角色定位为辅助工具而非目的，教师使用例子的目的在于论证而非创造。通常我们所接触到的举例教学其表现形式是教师在讲授特定知识点时，借用具体例子来说明问题，例如，在讲授网络安全时，教师很容易联系西北工业大学遭美国国家安全局网络攻击的例子[1]，并且这种例子并未经过修订与改编。可见，举例教学的焦点仍在理论学习上，例子在其中并不居于主导地位，如果去除例子，课堂内容并不必然受影响。此外，举例教学通常以讲授式课堂模式为依托，教师在课堂上掌握主导权，而学生成为其"知识容器"，被动接受教师的知识传授，丧失学习的主动性、创造性，师生、生生之间一般不存在信息上的交流和观点上的互动，课堂表现较为单一、枯燥。把案例教学等同于举例教学的认知，仍未跳脱传统教学观念的陈旧范畴，是对案例教学正常推进与作用发挥的削弱甚至阻碍。

案例教学在教学目的、地位与形态等方面均同举例教学存在明显差异。其一，案例教学模式下，国安通识课教学涵盖了国家安全基础知识收集、案例选择、课前准备、观点论证、得出结论、教学反思等环节。在整个教学过程中，案例都发挥着基础性作用，贯通于教学始终，学生的观点产出、教师教学自检皆离不开案例。其二，国安通识课案例教学坚持问题导向和学生主体原则，把大量课堂时间留给学生，引导学生自

---

[1] 据相关部门调查，美国国家安全局下属的特定入侵行动办公室（TAO）使用了 40 多种不同专属网络攻击武器，持续对西北工业大学开展攻击窃密，窃取该校关键网络设备配置、网管数据、运维数据等核心技术数据，这一事件也被媒体评为 2022 年中国网络安全 10 件大事之一。

行分析解决国家安全问题，以获得更多知识和实际操作。教师则充当"倾听者"，整体把控案例教学进程，仅在案例设计、时间安排、观点总结、教学反思等环节发挥作用，教师虽主导进程，但学生却是课堂主体。其三，师生间存在知识交流和观点争论，经信息传递、意见交换、角色互换等方式生成结论。其四，案例教学是为学术研究服务的，但学术研究并不局限于基础理论获取，还包括对现实问题的分析思考。国安通识课案例教学取材于真实案例，经过修订成为满足教学理论和实践需求的案例，既能促进学生理解国家安全基础知识，又能提高其分析解决国家安全问题的实践能力。因此，正确理解案例教学之内涵，将其与举例教学区分开来，是改变传统教学思维、推动案例教学可持续发展的必然选择。

2. 解决课程教学中案例"不足""不好"的问题

在案例教学模式下，案例既非虚构的说理故事，也非陈述的实际事例，而是"一个描述或基于真实事件和情景而创作的故事，它有明确的教学目的，学习者经过认真研究和分析后会从中有所收获"。[1] 结合当前国家安全教育和新文科建设的培养目标与方案，案例教学在国安通识课教学中日益受到重视，但总体来看，目前所使用的国家安全案例仍然存在质量不够、资源不足等问题。

首先，案例库建设未成体系。当前使用的国家安全案例并未形成专门的案例库，笔者接触到的国家安全案例通常只是现实事例的叙述与集结，没有根据国家安全基础知识之内容进行建设与分类，且鲜有基于实地调研的自编案例，对挖掘本土案例的支持力度仍不足。同时，收集案例的渠道十分有限，目前所能接触到的案例来源主要是互联网资源。

其次，案例筛选未统一标准。一些教师仍局限于选取国家安全经典案例进行教学，而经典案例的优势在于资料充足，学生可对其进行透彻的分析，但其劣势也较为明显，如经典案例往往过于陈旧，未关注最新时事；涉及理论较为单一，国家安全知识点之间的隔膜依然存在，不能对案例进行深层次探讨；吸引力不强，很难引起学生的探索欲；过多的资料使得学生丧失深度思考的动力，借助已有资料敷衍了事等。而出现以上情况的根本原因则在于筛选案例时，未准确把握案例的性质、树立案例筛选之标准。

最后，案例编写未形成范式。案例本身贵在翔实，然而目前，国家安全教育过程中对案例大多奉行不经改编即使用的"拿来主义"，即不经细致研析案例而"拿来就用"。与之相对的是，在国安通识课教学目的及案例教学环节的规制下，不同阶段教育对象、不同层次问题对国安通识课案例教学的需求有所不同。因此，若在课堂上使用未经编写的案例，不仅会影响学生分析解决问题的进程，而且不利于教学进程之推进，从而使国安通识课教学效果大打折扣。

---

〔1〕 ［美］林恩：《案例教学指南》，郗少健、岳修龙等译，北京，中国人民大学出版社 2016 年版，第 37 页。

3. 改革"讲授式""灌输式"等单一的教学方法

传统意义上，教师在课堂上通常以讲授式、灌输式、填鸭式方法教学。[1] 此类方法以教师讲述为主，可以高效、系统地传授理论知识，在讲述中以案例或论证作为辅助性资料帮助阐释理论。但在此类教学方法下，本应作为课堂主体的学生却习惯成为学习的被动接受者角色，消极等待教师的知识单向传授：既不在课前准备基础资料，亦不重视案例讨论的过程，抑或消极应对、搪塞作答，甚至不经思考，擅自在互联网上搜索相关资料来应付课堂。而教师却占据了教学主导地位，课堂教学成为教师展示个人理论储备和教学水平的舞台，师生关系等级分离并固化。因此，这种单一教学方法不仅于学生发挥学习的积极性、主动性无益，弱化学生理论联系实践的能力，而且成为课堂教学深入推进的阻碍，不利于国安通识课教学模式之优化。

与讲授式教学有所不同的是，"教"与"学"的角色在案例教学中完全不同于传统教学，学生是学习的中心，教师是引导者和帮助者。[2] 国安通识课案例教学充分重视学生的中心地位，学生既是学习知识的主体，也是创造知识的主体，还是推动教学进程的主体。对学生而言，应激发内生学习动力，从"要我学"转变为"我要学"，主动在课前课后进行准备与反思，积极在课堂上表达观点；对老师来说，要重视发挥引导作用，主要在课前案例上下功夫，对案例选择、情境设计、学习单位、基础知识等进行预先设计，而课堂上更多进行记录、引导和激发，关注过程评价，提高学生课堂表现在课程成绩中所占比重，激发学生的积极性。同时，国安通识课案例教学需要从多层次、多维度运用案例：一方面强调对国家安全知识的讲授；另一方面强调学生维护国家安全能力的提升。国安通识课案例教学以课堂为舞台，学生以个人或团队参与案例分析，经过知识学习、生生交流、观点辩论等对国家安全基础知识进行汇总学习。此外，较之知识单向传授，国安通识课案例教学更加重视师生、生生双向交流，在案例分析交流阶段，学生处于主导地位，在小组内、组与组、师与生之间进行观点交流，从而在开放、互动的学习氛围中形成对国家安全知识的建构。

4. 以案例教学打通国家安全知识点间的隔膜

高校是大学生获取专业基础知识、提升实践能力的重要平台，大学生应在注重知识能力提高的同时，树立正确的国家安全观。在国家安全教育过程中，要将总体国家安全观作为国安通识课案例教学的总引导，避免狭隘的国家安全教育。[3] 2021 年，教育部教材局发布的《〈大中小学国家安全教育指导纲要〉主要考虑与要求》指出，国家安全教育存在碎片化、不全面、不系统及重视不够、落实不到位等多方面的问题，

〔1〕 刘振天：《高校课堂教学革命：实际、实质与实现》，载《高等教育研究》2020 年第 7 期。
〔2〕 慕凤丽、[加] 金汉弛：《走进经典案例教学：两堂管理案例课·序言》，北京，北京大学出版社 2016 年版，第 2 页。
〔3〕 郭世杰：《国内外大中小学国家安全教育面面观》，载《保密工作》2021 年第 2 期。

应当加强整体设计、明确内涵与责任。[1] 当前，在国安通识课教学过程中注重分模块教学，不同安全领域之间教学分化严重，甚至有的大学尚未更新国安通识课教学之内容，还处于传统安全教育阶段。这样的教学模式难以展现国安通识课教学的前瞻性、及时性和广泛性，对学生在面对国家安全问题时的判断能力和应对能力之提高产生不良影响。

如前所述，国家安全通识课案例教学选取真实案例，经过系统分析归类形成不同类型、层次、领域的国家安全案例，其不仅涉及理论常识、法律政策，也涉及案例背景，促使学生主动结合不同国家安全知识要点对问题进行综合分析解决，避免产生国家安全知识壁垒。因此，在国安通识课教学过程中运用案例教学，对打通国家安全知识要点间的隔膜大有裨益。例如，教师在讲授社会安全领域中网络舆情相关问题时，可如此分析案例：首先，分析具体网络舆情发生之社会背景；其次，从理论角度分析舆情产生的根源、舆情发酵的助力、谣言传播的情况等；再次，从事实角度还原网络舆情传播的过程及争点；从次，分析非传统安全威胁产生的社会影响及其预防措施；最后，从安全问题的联动性、综合性和多变性出发，阐明当单一的社会安全问题出现且未得到适当处理时，不仅会干扰学生的认知和行为，而且会演变为国家政治安全威胁，形成综合性安全风险体系。

（三）国家安全教育通识课案例教学模式构建之路径

为推动国安通识课教学目标的高质量实现，针对将案例教学模式应用至国安通识课教学过程中所检视的问题，未来可以从树立"以学生为中心"的教学理念、选编优质案例、打造互动式课堂、建立案例教学实践效果评检机制四个方面综合着力，探索构建国安通识课案例教学模式。

1. 树立"以学生为中心"的国安通识课案例教学理念

传统讲授式教学模式下，教师成为教学的发起者、组织者、推动者和掌控者，而学生是被动接受知识，这不仅造成了等级分离的师生关系，也在一定程度上背离了国安通识课的教学初衷，学生的地位和权利通常受到忽视。联合国教科文组织早在20世纪90年代就提出，教师应当越来越少地传递知识，越来越多地激励思考；除了正式职能外，教师将越来越成为一位顾问、一位交换意见的参加者、一位帮助发现矛盾论点而不是拿出现成真理的人。因此，构建"以学生为中心"的国安通识课案例教学理念，是指导课程教学改革探索实践的首要选择。

"以学生为中心"即教学中尊重学生主体地位，采用生动活泼的方式调动学生学习积极性，引导学生自主学习，使其由被动输入知识转为主动探索知识，成为知识理解

---

〔1〕 为促使社会深入理解《指导纲要》的研制背景、基本考虑和主要内容，教育部教材局于2021年8月发布了《〈大中小学国家安全教育指导纲要〉主要考虑与要求》。

者和技能掌握者。在这个过程中，学生的主观心态、思维角度、行为模式等学习要素能够得以优化，这不仅有益于提高学生的实操能力，亦能够触及学生的精神需要，激发学生的求知欲，培养学生的探索能力，培养善于独立思考的终身学习者。譬如，国安通识课案例教学强调以国家安全问题为导向，为学生提供多层次的国家安全场景。在此场景中，会出现国家安全中心问题、相关问题和拓展问题，使学生分析解决这些问题是国安通识课案例教学之主要任务。多层次国家安全问题结构的堆叠和设计将激发学生的求知欲、探索欲，促使学生深度探究国家安全问题本质。教师则应扮演引导者、观察者和参与者，而不是命令的下达者和知识的灌输者角色。师生在平等、尊重的学习氛围中，充分分享观点、积极讨论互动，此过程可以进行争论和激辩，但要避免产生教师强制和独裁。[1]

2. 选取与汇编国安通识课教学优质案例

在总体国家安全观视域下，国家安全有其重点领域，同时国家安全问题往往又具有较强的综合性，为此可以立足"专门+综合"和"真实鲜活"之基本原则，选编国安通识课教学优质案例，是国安通识课案例教学模式构建之前提和基础。

第一，推行案例库体系化建设。建设案例库是选编优质国家安全案例的基础。案例收集可以通过互联网、微信公众号等多渠道获得，亦可依托政府、事业单位或社会组织所提供的文字报告选编。例如，可从社会科学文献出版社出版的《国际安全蓝皮书：中国国际安全研究报告》、中国现代国际关系研究院编写的《国际战略与安全形势评估》、"总体国家安全观系列丛书"及相关时政报道中寻找国家安全案例线索，按标准发掘优质案例。制定案例入库标准，完善案例更迭体系，确保入库的案例符合专业要求。同时，可以协同相关研究机构、企事业单位和社会组织，发挥各参与主体优势，优化案例开发、案例库建设和资源共享机制。支持校级或院级案例中心的建设，联合兄弟院校，发展友好合作关系，共享案例库。[2] 这些举措不仅能拓宽案例来源渠道，壮大案例教学师资力量，还能使学生更好立足实情提升能力。

第二，统一案例筛选标准。选取案例应与国安通识课教学目的、重要知识点相匹配。国家安全案例的选取应遵循典型性、启发性、真实性、冲突性等标准，契合课程标准、教学大纲、教学目标与内容之要求。案例应有难易之分，让教师能够由易到难、循序渐进地引导学生，确保学生充分掌握相应知识点。此外，可考虑从政治、军事、国土、经济、金融、文化、社会、科技、粮食、生态、资源、核、海外利益、太空、深海、极地、生物、人工智能、网络、数据等国家安全重点领域选编典型案例。

第三，形成案例汇编范式。在国家安全案例汇编阶段，可基于教学内容与目的对

〔1〕 周学荣、黄青青等：《加强案例教学 培养高素质人才》，载《中国高等教育》2021年第8期。
〔2〕 李征博、曹红波等：《哈佛大学商学院案例教学运行模式及对我国的启示》，载《学位与研究生教育》2018年第11期。

案例部分内容进行虚拟化，但同时应意识到国家安全案例汇编应符合逻辑、贴近生活。也可利用互联网技术，辅以视频、图片等多种形式，提高学生对案例的兴趣，加深学生对案例的认识。国家安全案例的设置应依托国家安全基础知识，充分结合学情，设置"引入型案例""课堂讨论案例""课后思考案例""拓展性案例""综合演练案例"等，或将一个案例拆分成包含几个难度相异的小案例，层层递进，逐步对学生提出更高层次要求。案例汇编完成后，教师应及时将其投入教学实践，观察在教学实践中的应用效果，动态性查漏补缺。

3. 打造国安通识课案例教学互动式课堂

"互动"意味着知识是共同建构之产物，师生均应参与教学，平等分享观点。国安通识课案例教学应逐渐在师生间建立起相互联系的平等关系，在开放式交流中实现对国家安全知识的共创，这突破了案例工具化的教学观念，意味着教学理念的革新，一种旨在突出师生、生生共同体的交流、合作与共创的新型案例教学模式亟待形成。案例教学为师生搭建了一个真诚交流与合作的平台，在师生、生生交流互动过程中，学生充分注重对资料内容的探讨，不仅让参与其中的师生均能真正体会到共同构建知识的过程，同时也能激发其对知识本身、知识生产和知识学习的反思。因此，打造国安通识课案例教学的互动式课堂，既有利于建立师生、生生间友好的交流对话机制，在共同探究国家安全案例的基础上，形成对国家安全问题的共识，也有利于更新国家安全知识之建构。

为落实国安通识课案例教学互动式课堂，应当以国安通识课教学班为基本单元开展教学。在课程案例教学过程中，要始终坚持以突出总体国家安全观为总基调[1]，抓好抓实如下几个关键环节：其一，教师根据教学计划在课前做好规划工作（包括时间、分组、教学形式等），向学生推送选编的国家安全案例，并指导学生进行案例阅读，收集掌握案例相关背景等；其二，课堂上进行重要知识点讲解，组织引导学生（小组）充分讨论案例（包括讨论、聆听、总结、反馈等）；其三，由教师进行总结、分析和点评，包括评价总结、扩展延伸等方面。在案例讨论过程中，教师应注意把控好课堂节奏，做到以学生为中心，尽量把时间留给学生，鼓励学生更多地提出独立见解，教师在课堂上努力营造开放型教学氛围，引发讨论甚至争论，使课堂教学形成深度交流互动局面。

4. 建立国安通识课案例教学实践效果评检机制

国安通识课案例教学实践效果评检机制是推动国安通识课持续改进完善的必要保障。在以往的课程教学中，存在教学评价主体单一、评价层次偏低、评价效果不达标等问题，这些问题的出现不仅使教师忽视了原定国安通识课教学效果之实现，而且也

---

〔1〕 全国干部培训教材编审指导委员会组织编写：《全面践行总体国家安全观》，北京，党建读物出版社、人民出版社2019年版，第154页。

不利于师生共同成长。因此，建立科学的国安通识课案例教学实践效果评检机制是实现课程教学目标、促进教学相长之必要路径。《指导纲要》在第四部分"考试评价"中提出坚持"发展性、过程性、多元性"的评价原则，并强调依据国家安全教育的主要目标和主要内容，设置评价要求和评价要点，突出素养导向。为此，可从两方面建立健全相关机制。

一方面，完善教学自检。教学自检主要体现为教学反思，这是连接国安通识课教学知识与教学实践的关键纽带，是未来教师观察与教育学生的重要资料。教学反思的主体既包括教师，也包括学生，教学反思的内容不仅要涉及教师对国安通识课案例教学全过程中师生突出方面与待发展方面的评价，也要涉及学生思考并认定自检表现的等级与质量，同时还要包括组员之间的评分评语。教学反思不但要考虑自我否定的方面，也要及时总结提炼国安通识课教学中的成功经验。

另一方面，加强教学效果评查。要建立健全多维度的国安通识课案例教学实践效果评检机制，并在各类考察评价国安通识课教学质量和深化高校国家安全教育教学改革过程中落地实施。协同各级通识课教学指导委员会、行业职业教育教学指导委员会等专家组织，探索制定科学化、多样化的国安通识课教学评价指标。把教师参与国安通识课案例教学的情况和成效作为教师考评、聘用、评奖、选拔的重要标准。在教学成果奖、教材奖等表彰工作中，突出国安通识课教学改革创新之要求，大力扶持国安通识课案例教学优秀项目。

第一章　国家安全领域风险治理

【本章提要】 政治安全是国家安全的根本，在国家安全体系中居于核心地位和最高层次，决定和影响着其他各领域安全。政治安全的核心是政权安全和制度安全，最根本的是维护中国共产党的领导和执政地位、维护中国特色社会主义制度。本部分所选案例都攸关党和国家安危，反映了当前我国所面临严峻复杂的政治安全形势。

第一节　典型案例研究

一、资助危害国家安全犯罪活动案

1. 案例概况[1]

李某某，曾用名李某祥，男，1955 年生于上海，后加入伯利兹国籍，但长期在国内经商。2009 年，李某某在某西方国家参加一场反华活动时，结识了反华分子杨某某。此后，李某某在明知杨某某从事危害我国国家安全犯罪活动的情况下，长期资助杨某某实施相关犯罪活动。2016 年至 2019 年，李某某以现金或支票方式资助杨某某 10 余万美元，折合人民币 100 余万元。对于此案，一审法院判决李某某犯资助危害国家安全犯罪活动罪，判处有期徒刑 11 年，并处没收个人财产人民币 200 万元。一审宣判后，李某某提出上诉，二审法院裁定驳回上诉，维持原判。

2. 案例研析

根据我国《刑法》第 107 条规定，资助危害国家安全犯罪活动罪，是指境内外机构、组织或者个人资助实施背叛、分裂、煽动分裂国家，武装叛乱、暴乱、颠覆、煽动颠覆国家政权的行为。上述行为都是对国家安全具有重大危害的犯罪，对这些危害国家安全的犯罪活动进行资助，实际上与被资助的危害国家安全犯罪活动侵害的客体是一致的，都是国家安全。本案中，被告人李某某明知杨某某在境外实施危害我国国家安全的犯罪活动，仍向杨某某提供资助，资助杨某某实施了一系列危害我国国家安全的犯罪活动，严重危害我国政治安全。

政治安全涉及国家主权、政权、制度和意识形态的稳固，是一个国家最根本的需求，是国家生存和发展的基础条件。在新形势下，我国面临复杂多变的发展和安全环

---

〔1〕　案例来源：《平安中国建设第一批典型案例》，载《人民法院报》2022 年 1 月 4 日，第 4 版。

境，各种可以预料和难以预料的风险因素明显增多。近年来，一直有若干西方国家针对中国的政治制度发难，大造舆论，大肆渲染、抹黑中国，煽动民众搞街头政治。对于这些风险挑战，如果应对不及、防范不力，很有可能演变为政治风险，最终危及党的执政地位、危及国家安全。

当前，我国正处在大发展大变革大调整时期，国际国内形势的深刻变化使我国意识形态领域面临空前的复杂情况，各种思想文化相互激荡，不同文明交流交融交锋更加频繁，进一步凸显出思想文化力量在综合国力竞争中的战略地位。在此种情况下，各种反华活动都会对国民的思想文化造成影响，甚至会带偏心智不成熟的青少年，这种行为是极其恶劣的。对李某某的犯罪行为处以刑罚，可以让人们树立正确的价值观念，不做分裂国家、背叛国家的事情。

李某某出生在中国，成长在中国，却资助境外反华分子实施危害我国国家安全的犯罪活动，属于内奸行为。国家安全是国家生存发展的基本前提，国泰民安是广大人民群众最基本、最普遍的愿望，维护国家安全是全国各族人民根本利益所在。习近平总书记指出："实现中华民族伟大复兴的中国梦，保证人民安居乐业，国家安全是头等大事。"[1] 没有国家安全和稳定，一切都无从谈起。如果国家安全这个基础不牢，发展的大厦就会地动山摇。国家安全是安邦定国的重要基石，是民族复兴的根基，保证国家安全是头等大事，每个人都应站稳坚定维护国家安全的立场，有同一切违法行为做斗争的勇气。

新时代新征程，我们应坚定不移贯彻总体国家安全观，依法严厉打击敌对势力的渗透、破坏、颠覆、分裂活动，坚决捍卫国家政治安全特别是政权安全、制度安全。全国各族人民应紧密团结起来，坚决抵制分裂国家和民族的行为，将培育和践行社会主义核心价值观视为凝聚民族精神、强化国家根基的根本性任务，并以此捍卫文化安全。我国公民和组织应切实履行维护国家安全的义务，及时报告危害国家安全活动的线索，保守知悉的国家秘密，为国家安全工作提供便利条件或其他协助。机关、人民团体、企事业单位和其他社会组织应当对本单位的人员进行维护国家安全的教育，动员、组织本单位的人员防范、制止危害国家安全的行为。通过持续开展宣传教育，强化全社会的国家安全意识，形成维护国家安全的思想自觉和行动自觉，是维护国家安全的长久之计。保障国家安全是每个人的责任所在，唯有始终保持高度警觉，切实承担起维护国家安全的法定职责，才能筑牢政治安全防线，汇聚起捍卫国家安全的磅礴力量。

历史和现实的深刻教训证明，搞乱一个社会，颠覆一个政权，往往是先从意识形态上下手的。在李某某、杨某某案件中，境外反华势力混淆黑白，恶意诋毁中国的意

〔1〕《习近平在首个全民国家安全教育日之际作出重要指示 强调汇聚起维护国家安全强大力量 不断提高人民群众安全感幸福感》，载《人民日报》2016年4月15日，第1版。

识形态，大力鼓吹西方的先进思想。这些因素的影响具有潜在性、渐进性和传染性等特点，能够削弱广大人民尤其是广大青少年的国家认同感和社会责任感，这将严重威胁我国意识形态安全。

党的十八大以来，以习近平同志为核心的党中央把国家安全作为头等大事，明确坚持以政治安全为根本，强调必须始终把政治安全放在首要位置，始终以政治上的清醒和主动牢牢把握国家安全的主导权，不断开创新时代国家安全工作新局面。我们应坚持总体国家安全观，坚持走中国特色国家安全道路，处理好安全和发展问题。以人民安全为宗旨，我们要增强忧患意识，做到居安思危，坚决维护和巩固党的领导核心和执政地位，持续推动中国特色社会主义制度完善与发展，维护捍卫我国政治安全。

我们应坚持以习近平新时代中国特色社会主义思想为指导，加强意识形态斗争经验总结，坚持把马克思主义基本原理同中国具体实际相结合、同中华优秀传统文化相结合，推进马克思主义中国化时代化大众化，增强对社会思想文化及价值观念的融合力，拓宽主流价值传播范围，牢牢把握价值观念领域的主动权、主导权和话语权，建设具有强大凝聚力和引领力的社会主义意识形态，让广大人民树立正确的价值观念，完善我国意识形态斗争机制。

最后需要指出，随着互联网、自媒体行业迅速发展，信息传播渠道更加便捷。而自媒体行业准入门槛低、用户素质参差不齐，为境外势力破坏我国意识形态提供了便利，互联网沦为意识形态的主战场。为此，有必要把党管媒体原则贯彻到新媒体领域，加大舆论引导力度，守好互联网防线，切实维护政治安全。

二、"迅雷-2020"专项行动

1. 案例概况[1]

2020 年以来，台湾蔡英文当局与外部反华势力加紧勾联聚合，挟洋自重，频频制造事端，大肆鼓噪并加紧推动一系列谋"独"活动，不断挑战"一个中国"底线，严重破坏台海和平稳定。台湾间谍情报机关加速"绿化"，甘于充当民进党当局推进"台独"路线的工具，大肆利用两岸交流渠道，大搞学术情战、媒体情战和所谓"情报外交"，极力挑拨祖国大陆与其他国家正常外交关系，妄图拓展所谓"国际空间"，严重危害了国家主权、国家安全和发展利益。

2020 年 10 月，国家安全机关组织实施"迅雷-2020"专项行动，破获数百起间谍窃密案件，抓获一批台湾间谍及运用人员，打掉台湾间谍情报机关针对祖国大陆布建的间谍情报网络，有效维护了国家安全和利益。"迅雷-2020"专项行动是国家安全机关继"雷霆-2018 行动"后，针对台湾当局及其间谍情报机关的又一次重拳出击。

─────────

〔1〕 案例来源：《国家安全机关破获数百起台湾间谍案震慑某些人》，载央视网视频，http：//v.cctv.com/2020/10/15/VIDE8XeSPIJUkIXHoPrBSj5d201015.shtml，2020-10-15。

《焦点访谈》于 2020 年 10 月重点报道了此次行动破获的台湾间谍李某居案。据报道，李某居是"台独"组织"台湾联合国协进会"理事，曾潜入深圳打探驻防武警部队集结情况，并拍摄大量视频图片。后据国家安全机关鉴定，李某居所拍摄的 16 段视频、48 张照片，经过专业的间谍情报机关测算分析，可分析出整个部队的人员数量、主战装备情况及作战意图和规模。此种行为涉及非法窃取国家秘密，严重危害国家安全。

2. 案例研析

反间防谍工作是关乎国家安全、社会稳定和人民群众切身利益的大事。台湾地区间谍以各种手段，软硬兼施，泄露国家秘密，危害国家安全。他们的目标大多是大陆赴台学习政治、经济、航天科技知识的大学生，更有一些学习法律的大学生受其蛊惑被利用。多数赴台大学生在台湾间谍的威逼利诱下，刺探、泄露国家机密，情节严重者甚至对国家造成了不可估计的损失。台湾间谍的行为不顾两岸和平发展大局，严重破坏两岸关系，冲击了和平与发展的时代主题，对祖国主权和领土完整构成极大威胁。"迅雷−2020"专项行动就是意在给这些分裂祖国的不法分子一个警告：任何想要破坏祖国领土主权的行为都必将受到法律制裁！

当前，尽管我国反间谍斗争已取得若干成就，但这并不等于国家安全防护体系已十全十美。构建全面且高效的国家安全网络，重点在于广大民众要具备良好的安全防范意识。在应对和防范台湾当局的间谍活动时，必须挫败"台独"的分裂图谋，捍卫国家主权与领土完整、推动祖国和平统一。针对台湾当局的间谍工作，应牢固树立总体国家安全观、坚定不移贯彻"两个维护"，以确保国家安全利益全面实现。

此案提醒我国公民，维护国家安全应履行宪法义务、站稳政治立场，廉洁自律、恪尽职守，自觉做神圣国土的守护者、美丽家园的建设者，要通过不断学习，主动开展世界观、人生观及价值观的自我重塑，坚定理想信念，时刻铭记全心全意为人民服务的宗旨，着力提升自我约束与自我警醒的能力。在面对市场经济环境诱惑时，必须坚守原则，有效跨越权力、金钱与人情的考验，唯有如此才能在纷繁复杂的环境中保持定力，成功应对各类考验与挑战。

对于大学生而言，要不断增强反间防谍意识，切实筑牢国家安全意识防线，以维护国家安全为己任，时刻警惕学习生活中可能危及国家安全的因素，坚决保守党和国家的秘密。同时，在遇到居心叵测的不法分子时，要保持清醒的头脑。

此外，还要高度重视《反间谍法》的普及教育，打好预防针，坚决抵制各种诱惑。对于国家安全，我们要绷紧"保密"这根弦，做到警钟长鸣，坚决维护国家统一。在科研和学习交流中要提高警惕，擦亮眼睛。"台独"是历史逆流，任何危害祖国统一和损害国家安全利益的行为，最终都将玩火自焚。

第二节 政策、制度（摘录）及拓展研析资料

一、国家安全领域风险治理政策话语表达（摘录）

1. 2017 年，习近平对政法工作作出重要指示强调："要把维护国家政治安全特别是政权安全、制度安全放在第一位，提高对各种矛盾问题预测预警预防能力，为党的十九大召开营造安全稳定的社会环境。"

2. 2018 年，习近平在十九届中央国家安全委员会第一次会议上强调："坚持人民安全、政治安全、国家利益至上的有机统一，人民安全是国家安全的宗旨，政治安全是国家安全的根本，国家利益至上是国家安全的准则，实现人民安居乐业、党的长期执政、国家长治久安。"

3. 2020 年，习近平在中央政治局第二十六次集体学习时强调："坚持把政治安全放在首要位置，维护政权安全和制度安全，更加积极主动做好各方面工作。"

4. 2020 年，习近平在十九届中央政治局民主生活会上强调："我们党领导人民进行革命、建设、改革的历史进程反复证明了一个道理：政治上的主动是最有利的主动，政治上的被动是最危险的被动。增强政治判断力，就要以国家政治安全为大、以人民为重、以坚持和发展中国特色社会主义为本，增强科学把握形势变化、精准识别现象本质、清醒明辨行为是非、有效抵御风险挑战的能力。"

5. 2021 年，中央政治局召开会议强调："必须坚持把政治安全放在首要位置，统筹做好政治安全、经济安全、社会安全、科技安全、新型领域安全等重点领域、重点地区、重点方向国家安全工作。"

二、国家安全领域风险治理制度表达（摘录）

1. 《国家安全法》第 15 条："国家坚持中国共产党的领导，维护中国特色社会主义制度，发展社会主义民主政治，健全社会主义法治，强化权力运行制约和监督机制，保障人民当家做主的各项权利。国家防范、制止和依法惩治任何叛国、分裂国家、煽动叛乱、颠覆或者煽动颠覆人民民主专政政权的行为；防范、制止和依法惩治窃取、泄露国家秘密等危害国家安全的行为；防范、制止和依法惩治境外势力的渗透、破坏、颠覆、分裂活动。"

2. 《反间谍法》第 7 条："中华人民共和国公民有维护国家的安全、荣誉和利益的义务，不得有危害国家的安全、荣誉和利益的行为。一切国家机关和武装力量、各政党和各人民团体、企业事业组织和其他社会组织，都有防范、制止间谍行为，维护国家安全的义务。国家安全机关在反间谍工作中必须依靠人民的支持，动员、组织人民

防范、制止间谍行为。"

3. 《反间谍安全防范工作规定》第 4 条："机关、团体、企业事业组织和其他社会组织承担本单位反间谍安全防范工作的主体责任，应当对本单位的人员进行维护国家安全的教育，动员、组织本单位的人员防范、制止间谍行为和其他危害国家安全的行为。行业主管部门在其职权范围内，监督管理本行业反间谍安全防范工作。"

4. 《保守国家秘密法》第 3 条："国家秘密受法律保护。一切国家机关、武装力量、政党、社会团体、企业事业单位和公民都有保守国家秘密的义务。任何危害国家秘密安全的行为，都必须受到法律追究。"

5. 《保守国家秘密法》第 10 条："国家秘密的密级分为绝密、机密、秘密三级。绝密级国家秘密是最重要的国家秘密，泄露会使国家安全和利益遭受特别严重的损害；机密级国家秘密是重要的国家秘密，泄露会使国家安全和利益遭受严重的损害；秘密级国家秘密是一般的国家秘密，泄露会使国家安全和利益遭受损害。"

6. 《国家情报法》第 2 条："国家情报工作坚持总体国家安全观，为国家重大决策提供情报参考，为防范和化解危害国家安全的风险提供情报支持，维护国家政权、主权、统一和领土完整、人民福祉、经济社会可持续发展和国家其他重大利益。"

三、国家安全领域风险治理拓展研析资料

1. 阚道远：《"颜色革命"的新趋势新特征及其政治影响——兼论防范重大政治安全和意识形态风险》，载《思想理论教育导刊》2019 年第 7 期。（认识"颜色革命"对政治安全的影响）

2. 孙会岩：《人工智能时代政党的政治安全：风险、治理与启示》，载《太平洋学报》2019 年第 9 期。（关注人工智能等新兴技术对政治安全的影响）

3. 杨嵘均：《网络空间政治安全的国家责任与国家治理》，载《政治学研究》2020 年第 2 期。（理解网络空间的政治安全）

4. 马振超：《新中国成立以来中国共产党政治安全话语：内涵、发展及逻辑》，载《公安学研究》2021 年第 3 期。（从党的历史角度把握政治安全话语）

5. 王灵桂：《政治安全是中国特色国家安全道路的根本特征》，载《国家安全研究》2022 年第 1 期。（理解政治安全在总体国家安全观中的重要性）

6. 骆郁廷、刘鸿畅：《中国共产党政治安全观：历史演进、核心要义与实践进路》，载《中国高校社会科学》2024 年第 3 期。（把握党的政治安全观）

7. 封帅、薛世锟：《人工智能与政治安全形态演变：一项系统研究的尝试》，载《国际安全研究》2025 年第 1 期。（关注人工智能时代政治安全形态的变革）

第二章　军事安全领域风险治理

【本章提要】军事安全是维护国家安全的保障，关乎国家生死存亡和长治久安。军事手段是捍卫和平、维护安全和慑止战争的保底手段。军事和军事安全被传统国家安全置于头等重要地位，在中国古代既有"国之大事，在祀与戎"之说。本部分所选案例反映了当前我国军事安全的严峻态势，尤其是军事秘密面临的失泄密风险挑战。

第一节　典型案例研究

一、大学生网上交友刺探军事秘密案

1. 案例概况

案例（1）大学生为境外间谍刺探军事信息案[1]

陈某系某职业技术学院学生。2020 年 2 月，陈某通过交友 APP 平台结识了境外人员"涵"。陈某在明知"涵"是境外人员的情况下，为获取报酬，于 2020 年 3 月至 7 月，按照"涵"的要求，多次前往军港等军事基地，观察、搜集、拍摄涉军装备及部队位置等信息，并通过多种渠道发送给"涵"。陈某先后收受"涵"通过微信、支付宝转账的报酬共计人民币 1 万余元以及各类财物。后经相关部门密级鉴定，陈某发送给"涵"的图片涉及 1 项机密级军事秘密、2 项秘密级军事秘密和 2 项内部事项。最终，陈某因犯为境外刺探、非法提供国家秘密罪被判处有期徒刑 6 年，剥夺政治权利 2 年，并处没收个人财产人民币 1 万元。

案例（2）大学生为境外间谍提供军事信息案[2]

小李系某市一名大学生，学习之余寻找兼职。2018 年 11 月，有陌生人请求添加小李为好友，在聊天中，小李向对方透露自己曾参加空军招飞，知晓一些涉军资料，对方称可为其提供优质兼职机会。2019 年 1 月，小李出于经济利益的考虑答应了对方的兼职需求。小李搜集了大量军事照片和我海军成立 70 周年阅兵，以及新中国成立 70 周年国庆阅兵的相关信息发送给对方，并获得了丰厚报酬。后来，对方多次询问招飞情

---

〔1〕 案例来源：《检察机关依法惩治危害国家安全犯罪典型案例》，载最高人民检察院网站，https：//www.spp.gov.cn/spp/xwfbh/wsfbt/202204/t20220416_554500.shtml#1，2022-04-16。

〔2〕 案例来源：《"兼职"拍军事杂志图片可赚钱？郑州大学生被境外间谍勾连，险些"坑了"国家！》，载网易，https：//www.163.com/dy/article/ED2843SU05149HJK.html，2019-04-18。

况、重点关注被淘汰飞行员去向的行为使小李觉察到对方的间谍身份。与此同时，该市国家安全机关侦察员找到小李并扣押了他的手机和电脑。经查，和小李联系的人实为境外间谍情报机关人员，企图以兼职为由策反利诱小李从事窃密活动。得知事实真相后，小李懊悔不已。

案例（3）境外间谍联系大学生刺探军事情报案[1]

小张系某市一名大学生，课余喜欢军事、政治方面的新闻。小张发现其所在的"军事爱好者群"有人主动添加好友，对方称其受雇于境外民企，对中国发展有极大的研究兴趣，目前主要负责社会文化、政治、军事方面研究，表示希望通过小张完成一些领域的研究。令小张疑惑的是，对方需要的是关于国家各方面大政方针及军事等方面的资料。小张结合自己见闻对其产生了怀疑并试探对方意图，来往数封邮件后，小张总结了对方的目的：以高薪兼职为诱饵，根据其指令搜集我方部队、军事信息。随后，小张第一时间拨打国家安全机关受理公民和组织举报电话12339，主动反映自己掌握的情况。国家安全机关收到举报后进行了核实，确认此人为境外间谍。由于小张的及时举报，国家安全机关迅速采取措施，成功消解了潜在的敌对威胁，保障了国家安全利益。

2. 案例研析

军事安全是指国家不受外部军事入侵和战争威胁的状态，以及保障这一持续安全状态的能力。军事安全在整个国家安全体系中发挥着至关重要的支柱和保障作用，事关国家生死存亡和长治久安。涉世未深的大学生是易受诱惑的一大群体，近年来，境外间谍情报机关在网络上以求职招聘、学术研究、商务合作、交友婚恋等名义为掩护，欺骗、勾连在校大学生窃取、出卖国家秘密，严重危害我国军事安全。

其一，境外间谍机关通过大学生了解我国机密情报，容易引起他国对我国保密工作的干扰；其二，军事情报泄露使我国处于被动地位，军事信息遭暴露，敌人在暗处，难以防备；其三，若国家安全情报遭泄露，会导致我国国防系统出现漏洞，危及国家安全。作为大学生，为了经济利益轻易出卖、刺探军事情报的行为严重危害国家军事安全，严重违反宪法和法律相关规定，必须追究法律责任。

年轻的大学生对境外间谍缺乏甄别能力，对泄露军事信息的后果缺乏基本认知，这也从一个方面体现了国家安全教育不到位。当前，高校国家安全教育对国家安全形势变化新特点新趋势、国家安全出现的新情况新问题涉及较少，教学内容更新速度较慢，没有紧密跟上国际国内形势变化，自然不能满足大学生需求。有关军事设施、装备的照片、视频事关我国军事安全的维护，不能随意传播，更不能让别有用心之人利用。军政军民团结是我们的优良传统和政治优势，可从以下方面入手增强大学生国家

---

〔1〕案例来源：《"12339"一部最"神秘"的热线》，载百度律临网，https：//lvlin.baidu.com/question/21489051143757123348.html，2023-03-08。

安全意识，避免泄露军事信息。

首先，掌握意识形态领域主导权，加强大学生主流意识形态教育，在大学生群体中增强国家凝聚力；其次，改进国家安全教育模式，优化顶层设计，与当前国家安全形势变化新特点新趋势、国家安全出现的新情况新问题相适应，探索形成新型国家安全教育模式；再次，在大力开展大学生国家安全教育的同时，加强爱国主义教育，弘扬爱国主义精神，教育大学生不做伤害民族、危害国家的事情；最后，引导大学生树立正确的人生观价值观，正确对待金钱、美色，自觉抵制各种诱惑。

二、军工专业高才生泄露军事秘密案

1. 案例概况

案例（1）张某泄露军事秘密案[1]

张某考入某高校武器研发专业，研究生毕业后进入某研究所成为高级科研人员，其研究项目事关我国尖端武器研发和装备，也是当时全世界最尖端、前沿的科研项目之一，更是世界各军事大国争夺的制高点，关乎我国国家安全。2011年，张某经所在研究机构申请赴美留学，其间结识了美国人杰克，在杰克带领下，张某日渐沉沉于西方的纸醉金迷。后杰克表明自己中情局间谍身份，企图策反张某，要求其将电磁领域研究成果发送给美国。张某最初明确拒绝，后杰克提出可以解决张某女儿留学的难题并提供丰厚报酬后，张某决定铤而走险并接受了基本的间谍技能训练。回国后，张某利用职务之便向杰克发送了大量军方科研资料。2013年，国家安全机关锁定张某的银行账户，并抓获准备逃跑的张某。经查，张某先后泄露了9项情报，其中6项秘密国家情报，其行为已构成间谍罪，最终被判处有期徒刑15年。

案例（2）小哲泄露国家秘密案[2]

小哲系某重点大学机械专业学生，其所学专业可以接触到国防科工机密。2011年经申请赴台交流学习，在一场聚会上结识了间谍许某，许某对小哲展开追求。最初许某只是请教小哲一些专业上的问题，之后开始询问小哲的亲戚里有没有公务员，还特意问了能不能接触到政府文件。小哲对最开始专业和亲戚方面的问题都毫不在意，直到听许某说那些政府文件能卖钱时略有动心。小哲交流学习结束之际，许某叮嘱其在大陆时刻分享自己的生活与学习。后续，小哲发现许某对自己的生活情况似乎不太关心，反而更关心专业学习，有时还会提出要多了解一些专业内容，如学校实验室的样

---

〔1〕 案例来源：《国家安全部公布一批危害国家安全典型案件》，载《人民日报》2020年4月17日，第11版；《中国军工专家张建革，为女儿留学出卖技术给美国，最终下场如何？》，载网易，https：//m.163.com/dy/article/I2R5AT3Q0543B1P6.html，2023-04-21。

〔2〕 案例来源： 《〈焦点访谈〉危情谍影（上）》，载央视网视频，http：//tv.cctv.com/2018/09/15/VIDE8IfXxbexCU6ux83gjqjc180915.shtml，2018-09-15；《百余起台湾间谍案告破：色诱策反大陆学生！手段曝光》，载搜狐网，https：//www.sohu.com/a/254213663_ 697228，2018-09-16。

子等，小哲都满足了许某要求，给她拍摄了学校实验室和试验内容。在此期间，小哲因经济问题找许某帮忙，许某建议小哲可以售卖政府文件赚钱，小哲听从了许某建议。许某在获得政府文件后给了小哲一笔钱款。此后，小哲对许某放下全部戒心。

小哲自攻读研究生后，有机会参与一些国家重点实验室项目。这时许某开始提出让小哲拍一些其他项目的照片。小哲经过几年成长，开始对她有所怀疑，但在许某的威逼利诱下，小哲还是继续为她提供资料。2014 年，国家安全机关察觉到小哲传递国防军工资料的行径。经查，许某实为"台湾军事情报局"间谍，小哲共向许某提供了涉及我国国防科工近百份情报，收受许某报酬总共折合人民币 4.5 万元。

2. 案例研析

在案例（1）中，张某的研究领域是电磁炮技术，是当时新一代火炮的发展方向。张某泄露的数据不仅包括该项技术的前沿成果，还包括许多相关军事机密及待役武器装备，直接导致我国该项技术被美国"卡脖子"，引发了军工数据紧急修改、海军舰炮装备更换等一系列后果，令人痛心不已。在案例（2）中，小哲作为重点大学和重要专业的高才生，其专业涉及国防军工和国家重点实验室有关项目，涉及国家军事安全和科技安全。然而这些军工专业高才生罔顾国家安全，被境外间谍的糖衣炮弹引诱，出卖国家秘密，既体现出其自身的不坚定、不忠诚，也体现出与军事安全有关的高校和专业对学生国家安全意识和保密意识培养不够。高校军工数据是军事安全的重要内容，要保护这些科技成果，不能被敌对势力窃取。

学校和科研机构是意识形态工作的前沿阵地，各种敌对势力从未停止对学校和科研机构的渗透，重点专业的学生和重要研究机构的科研人员是他们重点关注的目标。与普通高校普通专业大学生不同的是，军工、机械专业的高才生更容易接触我国军事机密，也更容易成为境外间谍分子关注的对象。因此，对重点高校、重点专业高才生的国家安全意识、保密意识培养要更为严格。除了接受普通专业学生要学习的国家安全教育内容外，更要注重重点专业高才生的意识形态安全。意识形态工作是一项极端重要的工作，牢牢把握意识形态工作领导权、管理权及话语权，才能确保教育方向正确、人才培养质量优良，任何时候都不能放松，否则就可能犯难以挽回的历史性错误。针对重点专业学生的思想政治工作，要秉持"因事而化、因时而进、因势而新"的原则，引导学生增强中国特色社会主义道路自信、理论自信、制度自信、文化自信，厚植爱国主义情怀；要遵循思想政治工作规律，遵循教书育人规律，遵循学生成长规律，坚决防范和清除各种错误政治思潮对重点专业学生的侵蚀；要用好课堂教学主渠道，推动思想政治理论课改革创新，实现思想政治工作传统优势与信息技术深度融合，增强教学内容的时代性和感召力。

三、机关工作人员泄露军事秘密案

1. 案例概况

案例（1）国家安全机关工作人员泄露国家秘密案[1]

2016 年，在大陆赴台交流学生朱某介绍下，国家安全机关工作人员丁某结识了台湾政客徐某，二人此后通过微信保持联系。徐某向丁某透露自己打算在大陆开办化妆品公司，想要了解两岸政策走向，需丁某帮忙。在利益驱使下，丁某频繁给徐某发送单位密级红头文件，短短 3 个月，丁某先后向徐某提供了包括秘密级 1 份、机密级 4 份在内的多份内部文件资料。经查，徐某是台湾间谍人员，近年来在台湾大学、台湾政治大学、台湾中国文化大学等高校频繁活动，假冒立法委助理、淡江大学博士、导游、义工等多重身份接近赴台学生，物色策反对象，从事间谍情报活动。

案例（2）国家机关工作人员泄露军事秘密案[2]

岳某系某市国家机关工作人员，案发前担任处长职务。岳某在餐厅就餐时，被境外间谍攀拉搭识，随后进一步深入交往，以金钱利诱手段一步步将岳某策反发展。此后，岳某与 3 任境外间谍保持了长达 10 年的情报关系。在被境外间谍策反发展后，岳某采取窃取方式获取大量文件资料，甚至窃取同事办公室钥匙并进行复制，对机密文件进行拍照，对电脑文件进行拷贝。据统计，岳某共获取并提供了 7400 多份文件资料，其中包括绝密级、机密级、秘密级文件 500 余份，涉及新型武器装备等核心内容。岳某通过出卖情资获取间谍经费约 100 万元。后经法院审理，岳某被依法判处死刑缓期二年执行。

案例（3）机场工作人员非法提供政要行程案[3]

吴某系某机场航务与运行管理部运行指挥员。2020 年 7 月，吴某通过"闲鱼"软件承接跑腿业务，某间谍组织代理人"鱼总"添加了吴某微信。后吴某在金钱诱惑下被"鱼总"发展，并接受其让自己提供政府机关重要人员到某机场行程信息的要求，吴某利用自己在机场运行管理部担任运行指挥员之便，多次刺探、截获政府机关重要人员行程信息，并通过境外聊天软件发送给"鱼总"，共收取"鱼总"提供的间谍经费人民币 2.6 万余元。后经鉴定，吴某为间谍组织代理人"鱼总"提供的信息涉 1 项机密级军事秘密、2 项秘密级军事秘密。最终，吴某因犯间谍罪被判处有期徒刑 13 年，

〔1〕 案例来源：《〈焦点访谈〉危情谍影（下）》，载央视网视频，http：//tv.cctv.com/2018/09/16/VIDElvI1EO0wy00Nm083VmuK180916.shtml，2018-09-16；《国安部呼吁全社会动员"反间防谍"，大学生为何成为"重灾区"？》，载搜狐网，https：//mil.sohu.com/a/709762272_100030950，2023-08-08。

〔2〕 案例来源：《没有硝烟的战场，盘点安全机关破获的重大间谍案件——国家安全高于一切（下集）》，载荔枝网，http：//news.jstv.com/a/20201008/1602142134820.shtml，2020-10-08。

〔3〕 案例来源：《检察机关依法惩治危害国家安全犯罪典型案例》，载最高人民检察院网站，https：//www.spp.gov.cn/spp/xwfbh/wsfbt/202204/t20220416_554500.shtml#1，2022-04-16。

剥夺政治权利 4 年。

案例（4）军工集团工作人员曾某某间谍案[1]

曾某某，系我某军工集团工作人员，属重要涉密人员。曾某某被单位公派至意大利留学进修期间，美国驻意大利使馆官员塞斯主动与曾某某结识，此后通过聚餐、郊游、观赏歌剧等活动逐步密切关系。曾某某心理上逐渐对塞斯产生依赖，塞斯趁此灌输西方价值观，曾某某政治立场产生动摇。随着双方交往深入，塞斯向曾某某亮明中央情报局罗马站人员身份，承诺给付巨额报酬并为曾某某全家办理赴美移民，要求曾某某提供我军事方面敏感信息。曾某某表示同意，并与美方签署参谍协议，接受美方考核和培训。曾某某留学进修结束后，回国继续与中情局人员多次秘密接头，提供大量我核心情报，收取间谍经费。后经国家安全机关缜密侦查，获取曾某某间谍活动证据，依法对其采取强制措施，及时消除危害。

2. 案例研析

政府内部文件、外交政策等情报历来是情报机构的搜集重点，这些内部文件、外交政策具体内容对维护国家稳定统一、维护国家利益起着至关重要的作用。台湾间谍许某为了窃取政治情报，将目标对准了国家安全机关工作人员，他们掌握着较多国家机密，一旦间谍获得了机密文件，我国军事安全将会受到极大威胁，政治安全防线也会被破坏。岳某利用职务之便为获得金钱而窃取国家秘密，反映出敌情意识淡薄，抵挡不住境外间谍机关的糖衣炮弹、金钱诱惑走上间谍道路，也说明部分单位在职人员、文件管理方面存在较大隐患。吴某为间谍组织提供政府机关重要人员行程信息，为境内外反动势力提供便利，使其可根据政要行程信息从事非法活动，如趁机窃取机密、刺杀政府机关重要人员、鼓动民众进行分裂国家活动等。吴某还向间谍组织提供了军事秘密，导致敌对势力掌握我国军事行动、设备和人员等情况，使军事安全与利益遭受严重损害。

综上所述，境外情报机构发展间谍的手段可概括为"MICE"法则。其中，"M"指金钱，即见钱眼开，追求生活奢侈享受者；"I"指意识形态，即迷恋西方思想，诋毁本国体制者；"C"指个人表现，即个人成就动机极其强烈，渴望被万众瞩目者；"E"指道德，即道德品质低下，生活作风不检点者。此外，境外情报机构也频繁采用威胁恐吓、网络诱骗策反以及"民族认同"渗透等手段，拉拢国家机关工作人员为其所用。当前，我国已经进入全面建设社会主义现代化国家的关键时期，必须提高警惕，强化责任意识，构筑坚实的军事安全思想屏障。

一是加强国家机关国家安全教育工作。关注各级国家机关国家安全教育的落实情况，不定期对国家机关工作人员，尤其是涉密人员个人生活进行调查走访，保证国家

---

〔1〕　案例来源：《重拳出击！国家安全机关破获美国中央情报局间谍案》，载央视网，https://news.cctv.com/2023/08/11/ARTIdKZiKJGLehTg3WxSpX2u230811.shtml，2023-08-11。

机关工作人员的廉洁性，对违法违纪的工作人员进行内部通报，将其作为典型教育案例。二是加强各单位的保密措施、强化监督管理体系，从单位内部保障国家安全，减少危害国家安全的渠道。为保障国家安全，军工单位及国家安全机构需强化涉密人员的保密意识，传授先进的保密技能，严格管理涉密人员，为中国特色社会主义现代化建设事业提供坚实的安全支撑。三是勇于自我革命。勇于自我革命是我们党区别于其他政党的显著标志，全党要永葆自我革命精神，坚持党的政治建设，始终保持党的团结统一，增强党自我净化、自我完善、自我革新、自我提高能力，把党的自我革命进行到底，凡是影响党的创造力、凝聚力、战斗力的问题都要全力克服，凡是损害党的先进性和纯洁性的病症都要彻底医治，凡是滋生在党的健康肌体上的毒瘤都要坚决祛除。

四、企业工作人员泄露国家秘密案

1. 案例概况

案例（1）冯某泄露国家秘密案[1]

冯某系某市某台资企业员工。2016 年 8 月，冯某受公司安排前往台湾出差，在台期间结识了台湾女子刘某。二人多次在台会面，在此期间，刘某向冯某提供"大陆市场调查员"兼职工作，调查大陆某地区经济、治安、政府政策等方面情况。2017 年 5 月，冯某二次赴台出差，刘某提出让冯某转做军用机场的军用飞机"观察员"。至此，冯某意识到对方是间谍，但受金钱利诱，其仍在返回大陆后先后多次去往军事目标地区观测拍摄，搜集我国军事情报。同年 10 月，冯某向公司请假专程赴台向刘某报送情资，接受间谍经费、活动器材和相关培训。同年 12 月，冯某的间谍活动被国家安全机关侦查发现，并被抓捕归案。经查，刘某系"台湾军事情报局"间谍，冯某向刘某搜集报送的资料涉及国家秘密，对我国防军事利益安全造成危害。

案例（2）韩某出售国家机密案[2]

韩某曾供职于某省某企业，因故失业后生活拮据，通过互联网发布求职信息。境外间谍情报机关人员自称"记者"接近韩某，告诉韩某需要新闻报道素材，让他去某涉军目标附近就业。在金钱的诱惑下，韩某爽快答应。顺利进入某单位应聘后，韩某多次利用工作之便用手机偷拍大量某重大军工项目照片，并遵照指示先赴北京参加国防技术项目推介会，现场搜集大量录音、照片等资料，后专程前往某省某地拍摄重要军事目标照片。短短数月，这份"兼职"为韩某带来近 10 万元巨额报酬。最终，法院

〔1〕 案例来源：《又见台湾间谍！苏州台企员工受诱惑 竟做这样的"兼职"》，载网易，https://www.163.com/dy/article/DS6CG5FK05149N8T.html，2018-09-20。
〔2〕 案例来源：《间谍指使青年应聘中国军工企业 偷拍"辽宁舰"内部照获刑》，载北晚在线，https://www.takefoto.cn/viewnews-334721.html，2015-03-11。

判决韩某犯为境外窃取、非法提供国家秘密罪，判处有期徒刑 8 年，剥夺政治权利 4 年，依法追缴其违法所得。

案例（3）陈某刺探军工领域秘密案[1]

陈某系某军工科研院所下属公司网络管理员。2011 年，陈某在公司门口"偶遇"一名自称技术专家的外国人彼得，彼得说他此次来中国的目的是想购买一些技术资料。后在高额报酬的诱惑下，陈某窃取了大量内部涉密文件提供给彼得。随着窃取文件数量越来越多、密级越来越高，陈某逐步意识到彼得并非普通技术专家而是间谍，心生恐惧的他提出终止合作。此时，彼得却以陈某此前提供情报为把柄，要挟他继续为自己提供涉密情报。2014 年，终日生活在恐惧中的陈某从单位辞职。2015 年 3 月，经缜密侦查，国家安全机关对陈某实施抓捕。经查，陈某共窃取并向境外间谍情报机关提供了该科研院所文件 5500 多份，其中，机密级 146 份、秘密级 1753 份，以及其他大量内部文件。2019 年 3 月，法院以间谍罪判处陈某无期徒刑，剥夺政治权利终身。

2. 案例研析

随着我国军事科技实力日益增强，全球范围内军事科技竞争日趋激烈，境外间谍情报机构逐渐将军工企业列为渗透和窃密的重点目标，他们常常从我国军工企业职工，尤其是核心涉密岗位的科技人员下手，捕捉各种时机，采用多种手段，千方百计搜集我国军事科技、武器装备等核心机密和情报，严重威胁军事安全，而一旦军事不安全，国家安全各领域都将受到重大威胁。

作为军工科研院所下属公司的工作人员，陈某在金钱诱惑下窃取大量单位内部机密文件提供给间谍机构，陈某愈陷愈深，所提供的军事文件密级越来越高，对我国军工科研造成巨大打击，严重危害军事科技安全。被台湾情报局收买策反的冯某多次赴军事目标地区进行观测拍摄，搜集我国军事情报，并将其报送至敌方情报局，泄露我国军事机密，对我国军事布局造成严重影响，严重危害我国军事安全。韩某将国家利益放在个人利益之下，通过手机拍摄多张军工项目的图片，已经威胁到科技武器建设，参加推介会时违法收集相关军事照片并出售给境外人员，不仅侵犯了设计者的相关权益，还以此为利出卖了国家相关机密信息。

作为境外间谍机构的重点关注对象，军工企业工作人员更应增强国家安全意识和保密意识，切实筑高军事安全防线。首先，军工企业应定期对军工企业内部人员，特别是涉密人员进行安全意识培训，深入学习《国家安全法》《反间谍法》等法律法规，增强保密意识和责任意识，提高保密能力。其次，军工企业要制订完备的保密制度和防范措施，增强忧患意识、坚持底线思维，坚决维护国家安全，积极防范各种安全风

---

〔1〕案例来源：《官方公布多起间谍案：涉密人员留学期间被"渗透"、女工程师被诱惑做间谍 17 年》，载新浪网，https://finance.sina.com.cn/jjxw/2023-08-11/doc-imzfvkcv5716278.shtml，2023-08-11。

险。再次，军工企业工作人员应当树立正确的价值观和人生观，坚决不做有损国家利益的事。最后，在日常工作中，如果发现可疑人员未经批准至内部进行技术信息收集的，应当拒绝提供，并立即上报单位或报案。

五、渔民打捞间谍设备事件

1. 案例概况

案例（1）海南渔民打捞间谍设备事件[1]

2012年，海南渔民黄某在捕鱼时意外打捞到一个"鱼雷"。黄某毫不犹豫赶紧用手机拍下照片，并发给海南国家安全机关工作人员，几位工作人员立即派人赶到现场，经初步观察和检测，他们判断这个东西并不是真的鱼雷，而是一个伪装成鱼雷模样的间谍装置，工作人员马上对它做了信号屏蔽的安全处置。随即这枚伪装成假鱼雷的设备被带回国家安全机关。为确定这种装置的具体功能和实际用途，国家安全机关会同有关技术部门进行了技术分析。最终得出结论，这是一个缆控水下机器人（即海底无人潜航器的一种），它造型轻便，性能先进，功能强大，这种机器人具有水下摄像和卫星通信功能，可以把水下拍摄的目标或其他图像通过光纤传输到投放国的卫星上。该装置既能搜集我国重要海域各类环境数据，又能探测获取我国海军舰队活动动向，实现近距离侦查和情报收集任务。经多方查证，这个海底无人潜航器不是我国制造和使用的装备，而是美国海军在我国海域秘密投放，专门针对我国海洋水文环境的一种新型技术窃密装置。

案例（2）江苏盐城渔民打捞间谍设备事件[2]

2021年，江苏盐城渔民王某在出海打鱼时打捞出一件奇怪的黑色不明装置。装置上部有太阳能板，后面带螺旋桨，整体呈船的形状，两侧还有翅膀形状部件。王某立即报告当地国家安全部门。后经鉴定，这款装置是波浪滑翔机，是一种应用在海洋上的无人潜航器，搭载了多种传感器和GPS定位等装置，可实时接收、传递信息给投放者。该装置配有太阳能电池供电，可支撑长时间信息采集工作。这种水下间谍机器人通常由潜艇布放，依靠拖曳电缆提供动力或依靠电池自航，具有水下照相、光纤通信等功能，可以把水下摄取的目标或者其他一些东西通过光纤传输到卫星上。水下间谍机器人外形通常很小巧，可以隐蔽布设，信号暴露少，隐身性能强。通过这种侦察设备，可以取代传统的蛙人抵近侦察，是非常先进的海军武器。经有关专家分析，这并不是我国制造的装置，几乎可以确定是境外国家为窥探我国海域而投放的，目的是采

---

〔1〕 案例来源：《海南渔民在南海打捞起无人潜航器》，载新华网，http：//www.xinhuanet.com//politics/2015-08/25/c_1116370546.htm，2015-08-25。

〔2〕 案例来源：《立功！江苏渔民打捞出大型不明物体》，载央视网视频，http：//v.cctv.cn/2022/10/15/VIDE2LfGIQAQzFpmG70SGNcV221015.shtml，2022-10-15；《江苏一渔民打捞到可疑物品，全身黝黑像海豚，上交国家后被予以重奖》，载搜狐网，http：//news.sohu.com/a/696692433_121164120，2023-07-13。

集我国海域的温度、湿度、海底地形等敏感数据，属于严重的窃密行为，这些数据的泄露对我国军事安全等产生了很大威胁。

2. 案例研析

近年来，境外利用各类检测设备对我国沿海地区实施非法测绘的间谍活动屡见不鲜，浙江、海南等多地渔民都曾经捕捞到来自国外的监测装置，其型号、种类、功能之多令人惊奇。这些监测装置实为其他国家为窥探我国海域信息而专门投放的，通过投放无人潜航器，可以实时采集我国海域敏感信息数据，监测我国在相关海域的军事活动，侦察水面舰艇编队的动向，并通过卫星实时接收、传递信息给投放者，传回本部。海底间谍航行器还能捕捉到在安全深海区域航行的潜艇位置，使敌方掌握潜艇位置和动态图，也会直接导致潜艇面临被拦截风险。此外，该航行器还能洞察对方水面特殊防御体系，如水雷密集区的分布等，这将使这些防御武器的作用大大降低。这一监测装置造成我国海洋、军事相关信息泄露，给我国军事安全造成了极大威胁。

2022 年，美国政府发布新版《国家安全战略》，不仅继续强调发展军事、增加军费，以继续保障美国在传统安全领域的优势地位，也使用了大量篇幅论述核安全、气候和能源安全、极地和太空安全、核安全和海外利益安全等非传统安全领域在国家安全战略中的重要地位。为在我国沿海地区收集情报，近年来美国大力资助"无人水下航行器"研究，并在我国沿海地区大量投放。这些航行器功能强大，不仅能够部署监控设备，监听海底通信电缆，甚至还能"追踪"潜艇，且具备寻找和处理水下炸弹的功能。对此我国应高度重视，从多方入手防止外国对我国沿海地区的军事探秘行为。

一是搜索、清理现存无人潜航器。制订专门计划对这些无人潜航器进行搜索和清理，以对投放该无人潜航器的国家给予一定震慑，使其不再投放无人潜航器威胁我国军事安全。二是升级军事技术，屏蔽无人潜航器干扰。为避免无人潜航器对我国军事安全产生更大威胁，我们应关注军事技术的升级创新，积极探索前沿技术，采用现代化无线电子设备，应用创新型复合材料，提高武器精准度。三是加大宣传力度，增强沿海人民国家安全意识。相关单位应加大科普力度，对境外窃密装置的主要分类、功能，以及鉴别与处置方法进行详细介绍。对能够发现无人潜航器并上报的沿海渔民进行表彰并给予奖励，增加沿海渔民参与维护军事安全的积极性。四是完善海上军民联络机制。海洋管理、海洋预警、海洋安全方面应建立灵活有效的情报预警和海上人民防线。正因为建立了这样的机制，如发现异常情况，像黄某这样的渔民便能在第一时间和国家安全机关取得联系，构筑起移动的"海上长城"。

第二节 政策、制度（摘录）及拓展研析资料

一、军事安全领域风险治理政策话语表达（摘录）

1. 2016年1月，习近平在省部级主要领导干部学习贯彻党的十八届五中全会精神专题研讨班上强调："我们必须积极主动、未雨绸缪，见微知著、防微杜渐，下好先手棋，打好主动仗，做好应对任何形式的矛盾风险挑战的准备，做好经济上、政治上、文化上、社会上、外交上、军事上各种斗争的准备，层层负责、人人担当。"

2. 2016年10月，习近平在纪念红军长征胜利80周年大会上指出："强国必须强军，军强才能国安。……全军要增强忧患意识、危机意识、使命意识，以只争朝夕的精神推进国防和军队现代化，担负起维护国家主权、安全、发展利益的重大责任。"

3. 2021年7月，习近平在庆祝中国共产党成立100周年大会上指出："新的征程上，我们必须全面贯彻新时代党的强军思想，贯彻新时代军事战略方针，坚持党对人民军队的绝对领导，坚持走中国特色强军之路，全面推进政治建军、改革强军、科技强军、人才强军、依法治军，把人民军队建设成为世界一流军队，以更强大的能力、更可靠的手段捍卫国家主权、安全、发展利益！"

二、军事安全领域风险治理制度表达（摘录）

1. 《国家安全法》第18条："国家加强武装力量革命化、现代化、正规化建设，建设与保卫国家安全和发展利益需要相适应的武装力量；实施积极防御军事战略方针，防备和抵御侵略，制止武装颠覆和分裂；开展国际军事安全合作，实施联合国维和、国际救援、海上护航和维护国家海外利益的军事行动，维护国家主权、安全、领土完整、发展利益和世界和平。"

2. 《国防法》第30条："中华人民共和国的领陆、领水、领空神圣不可侵犯。国家建设强大稳固的现代边防、海防和空防，采取有效的防卫和管理措施，保卫领陆、领水、领空的安全，维护国家海洋权益。国家采取必要的措施，维护在太空、电磁、网络空间等其他重大安全领域的活动、资产和其他利益的安全。"

3. 《国防法》第55条："公民应当接受国防教育。公民和组织应当保护国防设施，不得破坏、危害国防设施。公民和组织应当遵守保密规定，不得泄露国防方面的国家秘密，不得非法持有国防方面的秘密文件、资料和其他秘密物品。"

4. 《军事设施保护法》第4条："中华人民共和国的组织和公民都有保护军事设施的义务。禁止任何组织或者个人破坏、危害军事设施。任何组织或者个人对破坏、危

害军事设施的行为，都有权检举、控告。"

5. 《反间谍法》第 4 条："本法所称间谍行为，是指下列行为：（一）间谍组织及其代理人实施或者指使、资助他人实施，或者境内外机构、组织、个人与其相勾结实施的危害中华人民共和国国家安全的活动；（二）参加间谍组织或者接受间谍组织及其代理人的任务，或者投靠间谍组织及其代理人；（三）间谍组织及其代理人以外的其他境外机构、组织、个人实施或者指使、资助他人实施，或者境内机构、组织、个人与其相勾结实施的窃取、刺探、收买、非法提供国家秘密、情报以及其他关系国家安全和利益的文件、数据、资料、物品，或者策动、引诱、胁迫、收买国家工作人员叛变的活动；（四）间谍组织及其代理人实施或者指使、资助他人实施，或者境内外机构、组织、个人与其相勾结实施针对国家机关、涉密单位或者关键信息基础设施等的网络攻击、侵入、干扰、控制、破坏等活动；（五）为敌人指示攻击目标；（六）进行其他间谍活动。"

三、军事安全领域风险治理拓展研析资料

1. 唐永胜：《大战略选择与军事思维创新》，载《东亚评论》2020 年第 2 期。（认识军事战略思维）

2. 刘强：《当今国际军事安全的重大问题及其深远影响》，载《思想理论战线》2022 年第 1 期。（把握国际军事安全形势）

3. 徐军：《总体国家安全与军事安全的辩证法——学习领会习近平强军思想中蕴含的军事辩证法之三》，载《思想理论战线》2022 年第 1 期。（理解军事安全在总体国家安全观中的重要性）

4. 周中元：《ChatGPT 对军事安全的挑战与应对策略》，载《国防科技工业》2023 年第 7 期。（关注生成式人工智能等新兴技术对军事安全的影响）

5. 唐永胜：《维护军事安全的战略要求》，载《国家安全论坛》2024 年第 1 期。（把握军事安全在国家安全体系中的重要保障作用）

6. 周永生：《论习近平强军思想对马克思主义军事理论的原创性贡献》，载《思想理论战线》2024 年第 2 期。（把握习近平强军思想与军事安全）

第三章 经济、金融安全领域风险治理

【本章提要】 经济安全是国家安全的基础，包括经济主权安全、金融安全、产业与贸易安全等方面。维护经济安全的核心在于坚持社会主义基本经济制度不动摇，不断提高国家的经济整体实力、竞争力和抵御内外各种冲击与威胁的能力，防控各种重大风险挑战，确保国家重大经济利益不受损害。本部分所选案例反映了复杂严峻的经济、金融安全形势，在网络信息时代经济、金融安全更是面临着新挑战。

第一节 典型案例研析

一、澳大利亚商业间谍案

1. 案例概况[1]

2002 年起，全球铁矿石价格飙升，当时正值改革开放时期，我国钢铁产业蓬勃发展，非常需要进口国外优质矿石。从 2003 年开始加入国际铁矿石谈判，作为全球最大进口国，我国却没有任何议价权，直至 2008 年几乎每次谈判都以高额定价成交。

距离 2008 年"次贷危机"爆发不到一年时间，2009 年 7 月，上海市国家安全机关成功破获一起间谍案。涉案人员是澳大利亚驻华力拓公司代表胡某、王某、葛某、刘某等 4 人，该案涉及众多国内知名钢铁企业，首钢、莱钢、济钢均有人员涉案。据上海市国家安全机关称，以上涉事人员涉嫌以不正当手段刺探窃取我国国家秘密。中方在对该案进行调查时，在力拓公司电脑中发现了与力拓签有长期合作协议的数十家中国钢企资料，包括详细的采购计划、原料库存、生产安排等数据，甚至包括某些大型钢企每月钢产量及销售情况。

2009 年 8 月，上海市检察机关以侵犯商业秘密罪、非国家工作人员受贿罪对 4 名力拓案当事人批捕。据悉，2003 年，澳大利亚矿石企业力拓集团大力培养以胡某为首的商业间谍团队，其名义上是力拓集团中国地区总经理，但平时在中国钢厂穿梭，收集相关情报，然后发送给力拓在澳大利亚总公司。胡某表面上工资仅年薪十万，但其

---

〔1〕 案例来源：赵昌会：《力拓事件启示录》，载《中国经贸》2009 年第 8 期；马光远：《力拓案损失惨重 经济安全意识当反思》，载《现代物流报》2009 年 8 月 13 日，第 1 版；宋伟：《国家经济安全的典型案例——力拓案透视》，山东大学 2010 年硕士学位论文。

背后收入远不止于此，除靠贩卖国内钢铁企业商业情报获利，胡某还收取国内钢铁企业高管贿赂，拉拢国营钢厂采购高管，鼓动其超额进口铁矿石，然后高价卖给民营中小型钢厂，如此一来形成地下供应链条，胡某与国内钢厂高管们赚得盆满钵满。

该案不仅使我国 20 家企业受牵连，面临被取消铁矿石进口资质的风险，涉案的经济间谍靠拉拢收买、刺探情报、巧取豪夺等方式，迫使我国钢企在进口铁矿石价格上多付出 7000 多亿元人民币，相当于当时澳大利亚 GDP 的十分之一。力拓案严重损害了我国经济利益，威胁到我国经济安全，造成了十分恶劣的影响。2010 年 3 月，上海市第一中级人民法院对力拓案作出判决，分别判处被告人有期徒刑 7 年到 14 年不等。

2. 案例研析

关于力拓案的定性，是间谍罪还是侵犯商业秘密罪，一直存在争议。从法理上讲，间谍罪强调的是危害国家安全的行为，侵犯客体是国家秘密；侵犯商业秘密罪则主要发生在公司之间，侵犯客体是商业秘密。力拓案从表面上看是企业行为，但更应从经济安全角度进行分析研究。经济安全直接影响一国的繁荣稳定，在欧美国家早已将经济安全视为国家核心竞争力的今天，我国同样需要强大、可依赖、可持续发展的国有钢铁产业。力拓集团的商业间谍通过非法手段获取我国钢铁行业的重要情报和机密，涉及近乎整个中国重要钢企的问题，严重威胁我国钢铁行业市场秩序，危害了企业、产业乃至国家利益，给我国经济安全带来灾难性影响。该行为已不是单纯的非法、不道德的经济牟利行为，更具有对我国经济支柱性产业的间谍渗透，存在着巨大的安全威胁。

首先，大量钢铁数据的泄露严重危害我国钢铁生产安全。钢铁采购计划、原料库存、生产安排等数据泄露，可能导致某些国家掌握我国钢铁行业的发展情况和重大动向。其次，该案极大影响我国钢铁销售安全。钢铁销售计划泄露，会引发某些国家对我国钢铁行业进行恶性竞争，大打"价格战"，这对我国钢铁进出口贸易非常不利，威胁我国钢铁进出口贸易安全。最后，钢铁产业存在上下游企业，钢铁生产会牵动强大的资金流，对我国金融行业亦会产生影响。从长远危害来看，力拓案不仅造成钢铁产业损失，其潜在危害更是牵扯下游产业乃至每个公民的利益。钢铁行业是国民经济的命脉，铁矿石涨价势必造成成本提高，使其下游行业诸如建筑、机械制造、汽车等民生企业都要承担成本负担带来的损失，相关行业要为此多付出成本，最终会以价格提高的方式转嫁到末端的消费群体身上。

力拓案发生的原因是主客观方面相交织的结果。从主观方面看，企业管理出现纰漏，部分工作人员故意向竞争对手泄露核心机密，部分工作人员因保密意识淡薄而意外泄露核心秘密，造成泄密事件。从客观方面看，保密工作落实不到位，员工进入涉密部门前一般都要与单位签署保密协议，要求其在保密期内履行保密义务，承担保密责任，但多数情况下是过场程序，单位缺乏相应的监督和惩戒机制。政府部门在企业保密问题上重视程度不够，企业自身不太重视保密问题，保密检查力度不足，对员工电脑中的相关文档资料未能及时掌握和控制，对企业员工刻意窃取电脑资料的行为未能有效预防。

对我国来说，需采取更大力度的措施维护经济安全，减少此类事件发生。一是确保基本经济制度安全。正确认识和把握资本的特性和规律，发挥资本在市场经济中的积极作用，同时加强经济安全监测和评估，加强对市场的监督管理，有效控制资本的消极作用，支持与引导其规范健康发展。二是优化和巩固产业链供应链。防止产业链供应链在关键时刻受国外限制，要尤为重视高科技产业发展，有效利用国际资源，紧跟时代步伐，加强企业保密意识与企业间的协作，筑牢我国经济安全"保护墙"。三是加强企业员工安全保密意识培养。清楚哪些必须保密，知道边界在哪里；建立切实可行的信息安全管理与控制制度，以制度机制防止机密外泄、国家利益受损；国家应该强化管理措施，落实保密责任，加强保密检查，杜绝安全隐患。

二、间谍刺探央企经济秘密案

1. 案例概况[1]

某央企派出团组赴邻国参与某大型开发项目招投标。某日，团组人员前往当地一中餐厅用餐，一名当地男子将一盒餐巾纸送入包间。当时，餐桌上已有一盒纸巾，团组人员感到奇怪，经向服务员询问了解得知，该男子并非餐厅工作人员。离开时，团组人员将餐巾纸盒带回住处，打开后发现盒内装有一形似 U 盘物品，随即向我国驻当地使馆报告。

该设备被送回国内后，国家安全机关进行了检测和鉴定，认定该装置为加密存储式专用窃听器材，外观伪装为普通 U 盘，内置两个微型麦克风，由内设 3.7V 锂电池供电，用隐藏式微型按钮实现工作状态控制，具有数字加密录音功能。国家安全机关随即对该案展开调查，发现中餐厅老板王某有重大嫌疑。后据王某交代，开办中餐厅后，为寻求庇护，主动与当地部门接触，对方间谍情报机关顺势要求"合作"。此后，对方间谍人员多次到餐厅，根据包间预订记录，了解感兴趣的中方人员身份背景、席间谈话内容等。还要求王某，一旦有我使领馆、大型企业高层人员或重要团组预订包间，要立即报告并配合监视。如遇重要目标，对方间谍人员还会伪装成服务员，在包间内安放窃听设备。

该央企团组电话预订餐厅包间后，王某立即向间谍情报机关报告，但因时间仓促，遂由一名间谍人员在用餐期间将窃听器放入餐巾纸盒送入包间，准备事后提取窃听装置。办案初期，王某由于心存顾虑，以种种理由躲避国家安全机关约谈，甚至在其护照被扣押后还打算再办一本护照偷偷出境。对王某的不配合行为，国家安全机关依法

---

〔1〕 案例来源：《吃饭时有陌生人送来盒纸巾，真相令人后怕！这件事，每个中国人都该上心！》，载搜狐网，https：//www.sohu.com/a/307999960_684252，2019-04-15；李大光：《中美博弈下的国家安全（下）》，载《中国军转民》2019 年第 5 期。

对其行政拘留。此后，王某在法律和政策感召下，主动交代问题，最终被依法不予追究刑事责任。

2. 案例研析

伴随着我国综合国力稳步增长及在国际贸易中地位显著提升，境外商业间谍机构和情报组织针对我国的情报渗透活动愈发频繁，致使我国已成为国际间谍活动重点关注的目标国家。商业秘密是指不为公众所知悉的，能为权利人带来经济利益，具有实用性并经权利人采取保密措施的技术信息和经营信息。央企商业秘密的密级分为核心商业秘密、普通商业秘密两级。央企的商业秘密涉及企业重大经济利益，有些甚至属于国家秘密，不为社会公众所知悉，受国家重点保护，国务院国有资产监督管理委员会制定出台了《中央企业商业秘密保护暂行规定》。本案中，餐厅老板王某在利益诱惑下被境外间谍情报机关策反，为其刺探我国重要企业和机构的商业情报提供便利，一旦境外间谍得到央企关键商业秘密，轻则给企业带来经济损失及商誉损害，重则导致这些境外间谍组织利用所获情报截取中央企业业务信息、窃取合作企业信息，严重危害我国经济安全。

当前，境外商业间谍窃取我国经济情报和商业秘密展现出多样化的策略及手法，其主要可归结于两大类：一是系统地搜集我国公开发布的资料，包括报纸杂志、官方报告、人名通讯录、企业电话号码簿，以及交通工具的时刻表等，随后经过严谨的筛选过程，提交给专家进行深度分析与研究；二是借助先进科技手段，部署间谍工具进行窃听、偷拍以及电子信号的截图，或者通过策反内部人员，以直接或间接的方式获取机密文件、资料、设计图纸和书刊等。这类通过隐秘途径获取的情报，被美国中央情报局定义为"黑色"情报。至于"白色"与"黑色"情报的收集，则主要依赖于以下策略：一是利用外交官身份作为掩护来执行谍报任务；二是以技术交流会、贸易促进会等形式实施间谍活动；三是以回国探亲、旅游观光为名进行窃密活动；四是以新闻采访为幌子窃取经济情报；五是以金钱收买、腐蚀拉拢我内部人员；六是策反我内部、驻外人员和临时出国人员；七是间谍直接进行窃密活动。

为确保央企商业秘密安全，维护我国经济安全，必须增强忧患意识，坚持底线思维，积极防范各种风险。主要方法有三：一是制订保密制度。从近几年失泄密案例看，不难发现，多数案件并非源于高科技手段的入侵，而是由于防范措施不足所致。因此，构建完善的保密制度，完善严密的保密措施，仍然是反间防谍的根本策略。根据《中央企业商业秘密保护暂行规定》第33条规定，中央企业应当结合企业实际，依据本规定制订本企业商业秘密保护实施办法或者工作细则。二是与员工签订保密合同。企业应健全完善劳动合同制度，在法律允许及劳动者能够接受的范围内，对违反保密制度、保密合同规定的员工应承担的违约责任作出明确约定。三是要加强保密教育，不断提高员工保密意识，必须打消国际商业间谍不会找到我们这里的错误认识，残酷的现实告诉我们，国际商业间谍无孔不入，企业绝不可掉以轻心。

三、P2P 模式下善林金融网络借贷暴雷案

1. 案例概况[1]

P2P（Peer To Peer Leading）是指从事"点对点"中介服务的网贷平台和不依靠传统银行服务，而直接通过网络平台完成资金流转的模式。具体来说，P2P 成立中介平台，出借人将多余资金作为标的投放在该平台上，借款人提出借款需求，平台为借贷双方提供信息对接服务。该模式可定为广义的普惠金融模式，对中小企业或有小额借款需求的人来说，是帮助其解决传统融资门槛高、程序复杂等问题的一种借款方式。

依操作方式不同，P2P 大致可分 4 类：一是纯线上模式，资金借贷都通过线上进行，不进行线下审核，借款人只需在线传输身份证、银行流水账单即可获得贷款；二是线上线下结合模式，资金借贷活动不变，但平台所属风控团队会以入户调查的方式审核借款人资信、还款能力等情况；三是担保机构的平台模式，通过与线下担保、小贷或典当公司合作，让第三方独立公司为借款人提供担保；四是纯线下模式，即线下募集出借人的理财资金，线下寻找和审核借款人。P2P 以其贷款门槛低、信息流动快、年化收益率高等特点，成为最典型的互联网金融模式，"善林金融"即是其中较为典型的公司之一。

善林金融于 2013 年在上海自贸区登记成立，主要从事互联网金融信息服务、理财投资、借贷咨询等业务，平台服务类型主要分两类：一是普惠金融，为有借款需求的小微企业及个人提供信贷咨询、风险评估服务，获取借款人债权打包成不同理财产品销售，帮助企业及个人筹集所需资金；二是财富管理，为有资金保值增值需求的投资者提供专业化、一站式理财服务，推荐符合预期的理财产品给客户，帮客户制订专项投资计划。善林金融发展初期，其线下理财产品预期年化收益率大多在 5%～18%之间（银行理财产品年收益一般是 4%～5%，中等风险的理财产品年收益是 5%～8%），获得所有款项通过线下 POS 机统一汇集到公司控制人周某个人账户。

2015 年至 2016 年，善林金融依次开通了幸福钱庄（亿宝贷）、善林宝、善林财富等线上理财平台，采取线下门店与线上平台相结合的运营模式，公司至此步入快速发展期。2018 年 4 月，善林金融法定代表人周某向上海市公安局浦东分局自首，称公司在全国范围内向社会不特定公众非法吸收公共存款，产生巨大资金缺口导致无法兑付投资人本息。据相关统计，周某个人实际控制的银行账户中，有 567.59 亿余元用于兑付前期投资人本息，34.63 亿余元用于项目投资、收购公司股权、购买境外股票，35.39 亿余元用于善林资产端线下线上放贷，其余款项被用于支付公司运营费用、员工

---

[1] 案例来源：郭强：《由"善林金融"事件看 P2P 风险问题》，载《大众投资指南》2018 年第 13 期；宋杰：《董事长自首，警方立案侦查 上海互金平台善林金融"踩雷"》，载《中国经济周刊》2018 年第 15 期；王钰：《善林金融事件案例分析》，西南财经大学 2020 年硕士学位论文。

工资及佣金、关联公司往来款等。至该案案发，造成 25 万余名被害人实际经济损失共计 217 亿余元。

在 P2P 平台集中暴雷的两年（2018 年和 2019 年），大量类似平台出现问题，投资人的资金血本无归，损失不可计量，不少中产之家面临破产。国家成立互联网金融整治办负责互联网金融平台整治工作，地方也陆续展开整治，整治过程中发现 95% 以上的 P2P 平台资质不符。后国家出台正式清退文件，对 P2P 平台进行清理退出市场或转型，P2P 平台在我国的发展就此结束。

2. 案例研析

金融安全是国家安全的重要领域，关乎金融发展，关乎国运兴衰和民众福祉。随着 P2P 模式野蛮生长，大量平台背离中介机构的定位，开展了原本专门金融机构才有资质办理的理财、资金池、合并标的、融资租赁等业务，平台性质发生异化，大量跟风涌入的投机者实施非法吸收公众存款、集资诈骗等违法犯罪行为。金融违法犯罪不仅侵犯公民财产权利，而且危害国家经济秩序安全。P2P 模式蕴含的国家金融安全风险，主要体现在以下方面：

一是线上线下交易模式涉嫌非法集资。非法集资常披着合法经营外衣混淆视听，以高额回报为诱饵骗取资金，导致市场主体间信任损害，严重干扰正常经济、金融秩序，极易引发社会风险；非法集资涉及面广、处理周期长、结果不确定性高，易引发大量社会治安问题和群体事件，严重影响社会稳定；非法集资往往以国家重大政策和地方政府发展规划之名，行违法犯罪之实，既影响国家政策贯彻执行，又严重损害政府形象声誉。

二是严重影响民众生活与社会稳定。由于不少借贷者为社会弱势金融群体，缺乏稳定的收入来源，不少人在贷款到期时，违约率相对较高，加之 P2P 平台本身在贷款合同上不规范，如收取砍头息、各种不合理费用等，借款合同纠纷较多，诱发了大量 P2P 借贷违约现象，而 P2P 网贷平台又往往采取涉暴涉黑催收方式，不仅严重影响借款人生活，也影响社会稳定。该案中，善林金融采取以新债置换旧债、广设线下门店、租用豪华办公场所、增强广告宣传力度以及赞助多种公益活动等方式，营造出经营状况良好的虚假表象，误导投资者，事实却无盈利能力。

三是诱发不良社会金融投资心态。P2P 平台使参与者获得暴利的特性，引诱大量民众滋生参与金融投资或办金融组织的心理，为金融违法犯罪提供了温床，也使一些民众放松了对金融风险的警惕，使我国金融领域非法集资、金融诈骗活动频繁出现。在此情形下，许多实体企业经营者对实业丧失信心，加剧社会资金脱实向虚，社会资金不断流向虚拟产业经济领域，使原本融资难、融资贵的实体企业陷入更加困难的境地。

四是带来金融信用风险。信用风险本是传统金融业主要风险之一，在互联网金融业更为明显。在网络交易环境下，借贷双方因直接交互缺失导致信息严重不对称，加之审查、监管及信息披露的疏漏，降低了违约成本，加剧了违约风险。这使得信用违约频发、信贷平台倒闭以及借款人逃匿等现象司空见惯。诸如善林金融案例中的伪造借款需求、运用新借款来偿还旧债务的手法、为补偿早期借款而持续吸收新资本，以及凭借高额回报来增强品牌认知度等行为均为不良借贷模式。

五是带来信息泄露和技术风险。随着电脑黑客兴起、新型木马病毒泛滥，使得客户信息与资金安全面临严重挑战。黑客或木马病毒能够渗透至客户的手机和电脑中，通过窃取交易数据、拦截交易验证码等操作盗取交易账户的核心信息，或者通过木马软件、病毒攻击来窃取网络平台和手机中的客户数据或银行卡密码等关键信息。在大数据背景下，只有落实好技术研发工作，才能使确保用户的信息和财产安全不被侵犯。

为避免此类金融事件影响国家金融安全，需从多方面发力。政府应完善法律监管体系，弥补现存法律空白，明确界定不同模式下的监管主体及其职责，并强化监管主体间的协同合作，推动构建全方位的监管体系。企业应聚焦于技术整合与硬件设施的升级，通过采取先机保障数据的准确性与可靠性，来确保互联网金融信息及交易者的个人隐私安全，有效防范信息泄露的风险。投资者应树立理性投资理念，自觉抵制高息诱惑，警惕高额回报的非法集资陷阱；深入考察投资项目，全面了解掌握领域的法律法规，避免盲目投资；选择正规渠道，仔细核查金融机构的合法经营资质，确保投资行为的安全与合规。

第二节　政策、制度（摘录）及拓展研析资料

一、经济、金融安全领域风险治理政策话语表达（摘录）

1. 2015 年 10 月，习近平在党的十八届五中全会第二次全体会议上指出："国际经济合作和竞争局面正在发生深刻变化，全球经济治理体系和规则正在面临重大调整，引进来、走出去在深度、广度、节奏上都是过去所不可比拟的，应对外部经济风险、维护国家经济安全的压力也是过去所不能比拟的。"

2. 2015 年 11 月，习近平在中央政治局第二十八次集体学习时强调："要坚持对外开放基本国策，善于统筹国内国际两个大局，利用好国际国内两个市场、两种资源，发展更高层次的开放型经济，积极参与全球经济治理，同时坚决维护我国发展利益，积极防范各种风险，确保国家经济安全。"

3. 2017 年 4 月，习近平在中央政治局第四十次集体学习时强调："金融安全是国家安全的重要组成部分，是经济平稳健康发展的重要基础。维护金融安全，是关系我国经济社会发展全局的一件带有战略性、根本性的大事。金融活，经济活；金融稳，经济稳""金融是现代经济的核心。保持经济平稳健康发展，一定要把金融搞好。改革

开放以来，我们对金融工作和金融安全始终是高度重视的，我国金融业发展取得巨大成就，金融成为资源配置和宏观调控的重要工具，成为推动经济社会发展的重要力量。党的十八大以来，我们反复强调要把防控金融风险放到更加重要的位置，牢牢守住不发生系统性风险底线，采取一系列措施加强金融监管，防范和化解金融风险，维护金融安全和稳定，把住了发展大势"。

4. 2021 年 10 月，习近平在中央政治局第三十四次集体学习时强调："要完善国家安全制度体系，重点加强数字经济安全风险预警、防控机制和能力建设，实现核心技术、重要产业、关键设施、战略资源、重大科技、头部企业等安全可控。"

二、经济、金融安全领域风险治理制度表达（摘录）

1.《国家安全法》第 19 条："国家维护国家基本经济制度和社会主义市场经济秩序，健全预防和化解经济安全风险的制度机制，保障关系国民经济命脉的重要行业和关键领域、重点产业、重大基础设施和重大建设项目以及其他重大经济利益安全。"

2.《外商投资法》第 6 条："在中国境内进行投资活动的外国投资者、外商投资企业，应当遵守中国法律法规，不得危害中国国家安全、损害社会公共利益。"

3.《外商投资法》第 35 条："国家建立外商投资安全审查制度，对影响或者可能影响国家安全的外商投资进行安全审查。依法作出的安全审查决定为最终决定。"

4.《外商投资安全审查办法》第 3 条："国家建立外商投资安全审查工作机制（以下简称工作机制），负责组织、协调、指导外商投资安全审查工作。工作机制办公室设在国家发展改革委，由国家发展改革委、商务部牵头，承担外商投资安全审查的日常工作。"

5.《银行业监督管理法》第 27 条："国务院银行业监督管理机构应当建立银行业金融机构监督管理评级体系和风险预警机制，根据银行业金融机构的评级情况和风险状况，确定对其现场检查的频率、范围和需要采取的其他措施。"

6.《银行业监督管理法》第 29 条："国务院银行业监督管理机构应当会同中国人民银行、国务院财政部门等有关部门建立银行业突发事件处置制度，制定银行业突发事件处置预案，明确处置机构和人员及其职责、处置措施和处置程序，及时、有效地处置银行业突发事件。"

三、经济、金融安全领域风险治理拓展研析资料

1. 余万里：《开放条件下的经济安全研究：概念、理论与议程》，载《公共外交季刊》2020 年第 2 期。（理解开放条件下的经济安全）

2. 张帅、顾海兵：《中国经济安全研究：误区再反思》，载《学术研究》2020 年第

3 期。(关注经济安全研究存在的问题)

3. 张少军：《中国经济安全的风险识别与保障之策》，载《江苏行政学院学报》2021 年第 3 期。(理解经济安全风险的识别和防范应对)

4. 吴垠：《平台经济反垄断与保障国家经济安全》，载《马克思主义研究》2021 年第 12 期。(把握数字经济背景下的经济安全)

5. 董柞壮：《数字货币、金融安全与全球金融治理》，载《外交评论（外交学院学报）》2022 年第 4 期。(关注数字时代的金融安全治理)

6. 黄莺：《中国的金融安全：理论构建、时代挑战和应对思考》，载《国家安全研究》2022 年第 5 期。(认识维护金融安全的理论与实践)

7. 段世德：《基于经济安全视角的中国资本市场治理研究》，载《经济体制改革》2025 年第 1 期。(关注资本市场与经济安全)

第四章　文化安全领域风险治理

【本章提要】文化是民族的血脉、人民的精神家园，集中体现国家的"软实力"。文化安全既是国家安全不可或缺的重要方面，也构成国家安全的保障，关乎国家稳定、民族团结和精神传承。当前，我国面临的文化渗透和文化侵略不容忽视。本部分所选的案例反映了当前国家文化安全面临的严峻风险挑战，并提醒广大学生必须增强历史自信，坚定文化自信，建设社会主义文化强国。

第一节　典型案例研究

一、《尘埃落定》英译本扭曲藏族文化事件

1. 案例概况[1]

《尘埃落定》是藏族作家阿来以其故乡马尔康为地理空间创作的长篇小说。该小说以藏族社会生活为题材，展现了独特的藏族风情及土司制度的起源与兴衰，表现了具有普遍意义的人性主题，曾获第五届茅盾文学奖，并入选"改革开放四十年最具影响力小说"。《尘埃落定》不但是藏族作家的巅峰之作，亦是改革开放40年最伟大的长篇小说之一。

2002 年，《尘埃落定》英译本以 *Red Poppies*（《红罂粟》）为书名，由 Houghton Mifflin 出版公司在美国出版发行。然而经对比剖析发现，在英译本中，小说原文中的藏族文化被严重扭曲、歪曲和颠覆，变得面目全非。首先，英译本严重歪曲小说主题，在对标题"尘埃落定"的翻译有意凸显血腥、杀戮、毒品、情色、贪欲、犯罪等低俗文化联想。其次，误识民族乐器，《尘埃落定》叙事中书写到的藏族本土乐器有蟒筒和牛角琴，在英译本中这两种藏族特色乐器均被译者误译，失去了民族文化特性。再次，以圣经文化对藏传佛教文化进行渗透，藏族是全民族信仰宗教的民族，宗教在藏族社会文化生活中占有特殊地位。在英译本中，译者以圣经文化对藏传佛教文化进行渗透，颠倒是非，这既颠覆了中国文化，也破坏了文本的语义连贯。最后，试图颠覆制度文

---

　　[1]　案例来源：黄立：《葛浩文译本中的藏族叙事——从〈尘埃落定〉到〈红罂粟〉》，载《中国翻译》2018 年第 6 期；魏清光、李跃平：《〈尘埃落定〉英译本对我国民族文化安全的危害》，载《民族学刊》2022 年第 4 期。

化，英译本将"土司"译为"部落酋长"（Chieftain），这是对中国历史上"土司制度"的解构。也就是说在《尘埃落定》英译本中，Chieftain 只是藏区部落的头领，没有体现其与中央政府的隶属关系。除上述内容外，英译本还存在篡改民俗文化符号、错用动植物名称、遗漏礼仪文化、扭曲服饰文化、曲解饮食文化、屏蔽传统技艺等情况。

2. 案例研析

当今世界，竞争不仅仅局限于经济、科技与国防领域，文化软实力等相关领域的竞争同样激烈，文化以其独特的方式渗透于各领域中，成为影响其他领域竞争的重要因素。我国是由 56 个民族组成的统一多民族国家。民族文化安全是国家安全体系的重要组成部分，是建设社会主义文化强国的重要保障。在这一案例中，译者在翻译过程中严重扭曲、歪曲、颠覆原文的行径，严重危害我国文化安全。

阿来原作名为《尘埃落定》，成语"尘埃落定""比喻事情有了结局或结果"，暗示经过几十年历史变迁，藏区最终获得了和平与安宁。而英译本并未选取逐字翻译或体现原文内涵的译文，而是采用《红罂粟》（*Red Poppies*）作为书名。2003 年发行新版本时，书名甚至变成了《红罂粟：一部西藏传说》（*Red Poppies：A Novel of Tibet*）。标题通常表明小说的主题，用红罂粟（red poppies）来解读小说主题，红色（red）在英语文化中的联想意义为暴力、血腥、革命、狂欢。而罂粟（poppies）本是毒品原料，其花为红色。这些自然引导读者联想到毒品与犯罪、财富与暴力、欺诈与谎言等扭曲事物，与作家阿来的创作主题有天壤之别。译者有意凸显血腥、杀戮、毒品、情色、贪欲、犯罪等文化联想，迎合一些西方读者的阅读趣味与固有偏见，使得小说主题被丑化、矮化，这消解了我国民族文学的经典性和中华传统文化的内涵，不仅没有发扬民族自信、文化自信，反而影响到民族凝聚力和向心力，不利于中国文化"走出去"，不利于我国文化安全。

此外，藏族是一个注重礼仪的民族。藏族民风淳朴，礼让谦恭、尊老爱幼、诚信无欺是其纯良礼俗，在作品的翻译中应大力对外传播这些优秀的礼仪文化，向外说明中华民族历来就是礼仪之邦，与人为善、孝老爱亲是中华民族的传统美德。但《尘埃落定》原文中的藏族礼仪在译文中都不见了踪影，这没有起到用人类优秀文明成果滋养人心、滋养社会的作用，也没有做到正能量充沛、主旋律高昂。作为我国最古老的民族之一，藏族是中华民族不可分割的组成部分。藏族人民自古就繁衍生息在青藏高原上，并与汉、土、羌、蒙古等兄弟民族有着密切的交往。经译者翻译处理，藏族人在英译文中被排除在 Chinese（中国人）之外，这种翻译显然是歪曲事实，制造民族分裂，侵犯了我国主权和领土完整，不利于民族团结，具有很强的欺骗性和不法目的性，给国家文化建设、发展带来威胁挑战。

面对多元文化思潮泛滥、文化价值危机、文化认同构建风险等多种挑战，首先应牢牢把握意识形态工作的领导权。当前，意识形态工作面临的环境复杂，境外敌对势力加大渗透力度和西化力度，妄图制造"颜色革命"，特别是借助网络空间对我国意识形态领域发起了更为猛烈的舆论攻势,丑化党和国家形象,歪曲党史、新中国史、军史,甚至离间党与人民的鱼水关系。我国意识形态安全面临严峻挑战,必须高度重视意识形态安全,掌握意识形态的领导权、管理权、话语权,即捍卫国家文化主权和人民政权。其次,要持续推动中华优秀传统文化的创造性转化和创新性发展。文化的创造不能脱离历史一脉相承的连贯性,文化的繁荣发展离不开传承优秀传统文化,在继承传统文化精髓的基础上进行精炼,融传统精华与时代特征于一体,始终保持先进性,才能从根本上维护国家文化安全。同时,要坚持以社会主义核心价值观引领文化建设。价值观是文化构成最本质、最核心的要素,对一个国家或民族而言,缺乏共同的价值观,势必引发精神支柱的坍塌与行为导向的迷失。社会主义核心价值观作为当代中国价值观念的最大公约数,应当贯穿于新时代文化建设各方面与全过程之中。

二、古装剧《我叫刘金凤》造型"倭化"事件

1. 案例概况[1]

2022年6月,网剧《我叫刘金凤》上架后不久就受到网友广泛关注。该剧在男女主服装、妆容、道具及细节等方面都含有许多日本元素,服装被网友质疑与日本和服极其相似,也就是网友所说的"倭风"。该网剧中大臣头上戴的是日本"垂缨冠"、太监戴的是日本"立缨冠",而女主的穿着则是日式"露腋服",甚至剧中人物的鞋子、配饰,服装的款式、花纹,以及各种道具、布景都含有"倭风"元素。

7月4日,国家广电总局组织召开电视剧创作座谈会,20多家电视剧制作机构和部分广电局,电视台相关负责人参会。会议指出要坚定文化自信,传承中华文明,古装剧美术要真实还原所涉历史时期的建筑、服饰、服装、化妆等基本风格样貌,不要随意化用,跟风模仿外国风格样式。7月6日,国家广电总局表示古装剧不得跟风模仿外国风格式样,网剧《我叫刘金凤》"以倭代华",审美观存在严重问题,虽以中国古装影视剧讲中国故事,却处处透露着日本服饰和文化风格,俨然成为一部以中国古代历史为背景弘扬日本文化的古装剧。在被"人民文娱"点名后,《我叫刘金凤》随即下架。循着关于"倭风"的一系列讨论,网友们发现近几年不少古装电视剧存在不同程度的"倭风"问题,其中包括一些知名影视剧作品。

2. 案例研析

中华优秀传统文化源远流长,博大精深。网剧《我叫刘金凤》的播出潜移默化地影响着观众的思维方式、思想意识,这已经涉及文化安全层面。在经济科技迅猛发展背景下,我国人民的民族自豪感也随之不断增强,"中国风""传统服饰"成为新潮时

---

[1] 案例来源:《网剧〈我叫刘金凤〉被批以倭代华:中国服饰日本化,网友要求下架》,载网易,https://m.163.com/dy/article/HAR6FGS0055309PF.html,2022-06-27;《网剧〈我叫刘金凤〉遭举报,倭化的"骑脸输出"应警惕》,载搜狐网,https://yule.sohu.com/a/582542075_121147286,2022-09-05。

尚的代名词，年轻人也比较容易被国风文化吸引。然而，个别年轻人对中华传统服饰缺乏真正了解，这就给文化入侵者提供了可乘之机，他们利用年轻人一知半解但热衷追求新潮的特点，大肆在文化产品中融入他国文化，侵蚀中华优秀传统文化，让观众对中国传统文化产生认知偏差，进而影响人民群众对传统文化的自信，甚至对伦理秩序产生不认可。20 世纪 90 年代以来，人民群众文化需求高涨，一些古装剧为了迎合群众审美趣味，不断在电视剧中增加“奇幻”情节，淡化历史语境。在玄幻古装仙侠剧中，历史时代成了虚无背景，制造一时噱头却与历史相左，甚至肆意添加外国元素，与传承中华文明相去甚远，对广大观众产生了消极影响。

作为我国文化领域的一大主阵地，影视剧应尊重历史，错误混乱的观点势必影响民众的认知与审美，同时消解民族传统与精神。网剧作为网络文化交流的重要载体，其制作需遵循以下几个方面的原则：一是要秉持社会主义核心价值观，坚持为人民服务，为社会主义服务，奏响时代主旋律；二是要坚定文化自信，强化意识形态凝聚力，依托文化所蕴含的内在价值及其外在表现形式，深化人民群众对马克思主义意识形态的坚定信仰与高度认同；三是在交流过程中应深深植根于中国社会，吸收外国优秀文化的同时要以我为主、为我所用，不能丧失我们的文化之根；四是要自觉对网络文化生态空间进行优化，让主流文化、优秀传统文化扎根于网络空间的“自由血液”中；五是要努力将对中华优秀传统文化的传承落实到具体、真实可感的文艺作品中，只有让艺术集中展现传统文化的动人魅力，人们在生活中对传统文化的传承与发扬才会更加自觉；六是要守公德、严私德，讲格调、讲责任，以高尚的品行树立良好社会形象，心怀敬畏，严守“底线”，不碰“红线”，追求“高线”；七是要把崇高的价值和美好的情感融入作品，引导人们向上向善，做称职的新时代文艺工作者，在文化领域更好维护国家安全。

第二节 政策、制度（摘录）及拓展研析资料

一、文化安全领域风险治理政策话语表达（摘录）

1. 2016 年，习近平在中国文联十大、中国作协九大开幕式上指出：“文化是一个国家、一个民族的灵魂。历史和现实都表明，一个抛弃了或者背叛了自己历史文化的民族，不仅不可能发展起来，而且很可能上演一幕幕历史悲剧。文化自信，是更基础、更广泛、更深厚的自信，是更基本、更深沉、更持久的力量。坚定文化自信，是事关国运兴衰、事关文化安全、事关民族精神独立性的大问题。”

2. 2018 年，习近平在全国宣传思想工作会议上强调：“我们必须既积极主动阐释好中国道路、中国特色，又有效维护我国政治安全和文化安全。我们必须坚持以立为本、立破并举，不断增强社会主义意识形态的凝聚力和引领力。我们必须科学

认识网络传播规律，提高用网治网水平，使互联网这个最大变量变成事业发展的最大增量。"

3. 2020 年，中央全面深化改革委员会第十六次会议强调："文化企业承担特有社会责任，要指导推动各类文化企业牢牢把握正确导向，自觉弘扬和践行社会主义核心价值观，树立正确的历史观、民族观、国家观、文化观，坚守中华文化立场，反映中国人民审美追求，维护国家文化安全和社会公共利益，维护社会公序良俗，积极履行社会责任和道德责任，创作生产更多健康向上、品质优良的文化产品。"

二、文化安全领域风险治理制度表达（摘录）

1.《国家安全法》第 23 条："国家坚持社会主义先进文化前进方向，继承和弘扬中华民族优秀传统文化，培育和践行社会主义核心价值观，防范和抵制不良文化的影响，掌握意识形态领域主导权，增强文化整体实力和竞争力。"

2.《非物质文化遗产法》第 4 条："保护非物质文化遗产，应当注重其真实性、整体性和传承性，有利于增强中华民族的文化认同，有利于维护国家统一和民族团结，有利于促进社会和谐和可持续发展。"

3.《文物保护法》第 11 条："文物是不可再生的文化资源。国家加强文物保护的宣传教育，增强全民文物保护的意识，鼓励文物保护的科学研究，提高文物保护的科学技术水平。"

4.《广播电视管理条例》第 32 条："广播电台、电视台应当提高广播电视节目质量，增加国产优秀节目数量，禁止制作、播放载有下列内容的节目：（一）危害国家的统一、主权和领土完整的；（二）危害国家的安全、荣誉和利益的；（三）煽动民族分裂，破坏民族团结的；（四）泄露国家秘密的；（五）诽谤、侮辱他人的；（六）宣扬淫秽、迷信或者渲染暴力的；（七）法律、行政法规规定禁止的其他内容。"

5.《互联网信息服务管理办法》第 15 条："互联网信息服务提供者不得制作、复制、发布、传播含有下列内容的信息：（一）反对宪法所确定的基本原则的；（二）危害国家安全，泄露国家秘密，颠覆国家政权，破坏国家统一的；（三）损害国家荣誉和利益的；（四）煽动民族仇恨、民族歧视，破坏民族团结的；（五）破坏国家宗教政策，宣扬邪教和封建迷信的；（六）散布谣言，扰乱社会秩序，破坏社会稳定的；（七）散布淫秽、色情、赌博、暴力、凶杀、恐怖或者教唆犯罪的；（八）侮辱或者诽谤他人，侵害他人合法权益的；（九）含有法律、行政法规禁止的其他内容的。"

三、文化安全领域风险治理拓展研析资料

1. 孙冲亚：《数字帝国主义时代的文化安全风险及其应对》，载《马克思主义研究》2021 年第 6 期。（认识数字时代的文化安全风险）

2. 廖祥忠：《总体国家安全观视阈下网络文化安全的内涵特征、治理现状与建设思考》，载《现代传播（中国传媒大学学报）》2021 年第 6 期。（理解网络文化安全）

3. 肖凌：《新时代维护国家文化安全的理论逻辑与路径选择》，载《学习与探索》2022 年第 9 期。（认识维护文化安全的理论与实践）

4. 李凤亮、杨辉：《国家文化安全：时代语境、战略布局与实践路径》，载《中国文化产业评论》2023 年第 1 期。（把握新时代的文化安全政策）

5. 刘颖：《文化安全研究的出场及核心概念的建构》，载《宁夏社会科学》2023 年第 3 期。（关注文化安全研究的理论问题）

6. 黄进：《文化安全风险评估的理论审视与指标体系构建》，载《江苏社会科学》2024 年第 4 期。（把握文化安全风险评估问题）

7. 谭苑芳：《制定我国国家文化安全战略：基本特征与建构路径》，载《贵州社会科学》2025 年第 1 期。（关注文化安全战略的制定）

第五章　社会安全领域风险治理

【本章提要】社会安全是国家安全的重要内容之一，其对保障人民安居乐业、社会和谐有序、国家长治久安，具有十分重大的意义。社会安全同人民群众的切身利益息息相关，涉及社会治安、公共卫生、生产生活、民族宗教等诸多方面。本部分所选案例，反映了随着现代社会体系变得越来越复杂，当前我国面临的社会安全风险不容小觑，应高度重视并防范应对这些风险挑战。

第一节　典型案例研究

一、暴力恐怖事件

1. 案例概况

案例（1）乌鲁木齐"7·5"打砸抢烧暴力事件[1]

2009 年 7 月 5 日，新疆维吾尔自治区乌鲁木齐市发生打砸抢烧严重暴力犯罪事件，以民族分裂分子热比娅为首的"世界维吾尔代表大会"，通过互联网等多种渠道煽动闹事者。当日 20 时左右，一些人在乌鲁木齐市人民广场、解放路、大巴扎、新华南路、外环路等多处猖狂打砸抢烧。截至当日 23 时 30 分，造成多名无辜群众和一名武警战士被杀害，部分群众和武警战士受伤，多部车辆被烧毁，多家商店被砸被烧。有关部门负责同志指出，这是一起由境外遥控指挥、煽动，境内具体组织实施，有预谋、有组织的暴力犯罪。新疆维吾尔自治区党委、政府高度重视，及时调集警力处置，事态得到有效控制。

案例（2）乌鲁木齐"5·22"恐怖袭击案[2]

2014 年 5 月 22 日 7 时 50 分许，新疆维吾尔自治区乌鲁木齐市沙依巴克区公园北街早市发生一起爆炸案。暴徒驾驶两辆无牌汽车冲破防护隔离铁栏，冲撞碾压人群，引爆爆炸装置。截至 5 月 24 日，造成 39 名无辜群众遇难、94 人受伤。案件发生后，

---

〔1〕案例来源：辛铧：《乌鲁木齐"7·5"事件纪实》，载《人权》2009 年第 4 期；夏威：《暮色下的罪恶——乌鲁木齐"7·5"打砸抢烧严重暴力犯罪事件始末》，载《时事报告》2009 年第 8 期。

〔2〕案例来源：《乌鲁木齐爆炸案已造成 31 人死亡 94 人受伤》，载中国新闻网，https://www.chinanews.com/gn/2014/05-22/6200376.shtml?__=f5fe，2014-05-22；《评论：铁腕反恐势在必行》，载人民网，http://opinion.people.com.cn/n/2014/0523/c1003-25058633.html，2014-05-23。

新疆维吾尔自治区和乌鲁木齐市有关部门迅速处置现场、安置伤员。中共中央作出批示并派工作组赶赴新疆。经查，实施此案的暴恐团伙共有 5 名成员，4 名现场实施犯罪的暴恐分子当场被炸死，参与策划的另一名暴恐分子 5 月 22 日晚在新疆巴州被抓获。

案例（3）新疆莎车"7·28"暴恐袭击案[1]

2014 年 7 月 28 日凌晨，新疆莎车县一伙暴恐分子持刀斧袭击艾力西湖镇政府、派出所，并有部分暴恐分子窜至荒地镇，打砸焚烧过往车辆，砍杀无辜群众。该案件造成无辜群众 37 人死亡，13 人受伤，31 辆车被打砸，其中 6 辆被烧。警方反恐过程中，击毙暴徒 59 人，抓捕涉案人员 215 人。经公安机关全力侦查，这是一起境内与境外恐怖组织相互勾连，有组织、有预谋，计划周密、性质恶劣的严重暴力恐怖袭击案件。

案例（4）昆明火车站"3·01"暴恐案[2]

2013 年 12 月，依斯坎达尔·艾海提纠集他人形成恐怖组织，共同策划在昆明火车站进行暴力恐怖活动。2014 年 3 月 1 日晚，库尔班等 5 人携带作案工具，从沙甸到达昆明火车站。当晚 21 时 12 分许，5 人持刀从火车站临时候车区开始，打出暴恐旗帜，肆意砍杀无辜群众。统一着装的持刀歹徒，从 1 号窗口砍杀到 14 号窗口，特警赶来开枪将 4 名歹徒当场击毙，托合提被民警开枪击伤并抓获。袭击过程共持续约 25 分钟，截至 3 月 2 日 6 时，暴恐案件造成 31 人死亡、141 人受伤，其中 7 名警察、3 名辅警受伤。经查，这是一起由新疆分裂势力策划组织实施的严重暴力恐怖事件。

2. 案例研析

上述暴恐案涉及多个层面秩序破坏，对我国社会安全造成极大的恶劣影响。

第一，暴恐事件严重侵害人民的生命健康和财产安全。社会安全的重心在于保障人民的生命财产安全。人民安全在国家安全体系中居于首位，是总体国家安全观的第一要义。人民安全高于一切，是总体国家安全观的精髓之所在。国家安全归根到底是为了保证人民的利益，党和国家必须始终把人民群众的生命健康、财产安全放在首位，对此《国家安全法》也作出了相关规定。暴恐分子通过暴力、恐怖袭击等手段，制造社会恐慌、危害公共安全、侵犯他人人身财产，严重损害了人民的生命健康和财产安全，造成恶劣影响。

第二，暴恐事件严重危害社会安全。社会安全是国家安全的保障，是夯实社会主义现代化建设的社会基础，直接反映人民群众的幸福感、安全感。暴恐事件常以人流量大的地标为场地，目的在于通过大量人员伤亡造成对社会的最大伤害，通过展示暴恐分子旗帜等方式宣传恐怖组织，以达成恐怖主义目标，对民众的心理、身体健康造

---

〔1〕 案例来源： 《新疆莎车县"7·28"严重暴力恐怖袭击案一审宣判》，载中国政府网，https：//www. gov. cn/xinwen/2014-10/13/content_ 2764248. htm，2014-10-13；国务院新闻办公室：《新疆的反恐、去极端化斗争与人权保障》，载新华网，http：//www. xinhuanet. com//politics/2019-03/18/c_ 1124247196. htm，2019-03-18。

〔2〕 案例来源：王君、李大光：《昆明恐怖袭击令人发指》，载《中国军转民》2014 年第 3 期；《关注昆明"3·01"事件》，载《云南党的生活》2014 年第 4 期。

成极大消极影响。

恐怖主义思想来源可以追溯至近代无政府主义，这种政治思潮反对一切权威，鼓吹个人绝对自由，主张用恐怖手段摧毁国家机器。恐怖主义事件的主要特点包括：一是大多针对无辜群众不加选择地实施袭击，妄图造成最大伤害；二是恐怖分子多会在袭击现场展示、散发、呼喊象征恐怖组织或恐怖主义思想的标识或口号；三是袭击方式多选择暴力手段，烈度大、破坏性强，极易对人的心理造成恐慌；四是常为多人共同作案。从暴恐事件的动机或内核看，其大多受极端民族分裂主义鼓动，暴恐分子往往以恐怖主义来达成诉求，通过恐怖主义犯罪来制造恐怖气氛，以此向政府施压达到分裂目的。

为此，可以从以下几个方面加以防范应对：

第一，增强忧患意识、防范风险挑战要一以贯之。恐怖主义、极端主义是全人类的共同敌人，也是中华民族伟大复兴过程中面临的重大安全风险。我们不能将恐怖主义活动看作个例，更不能麻痹大意、盲目自信，必须增强忧患意识、提前做好战略部署，深入分析和准确判断反恐形势。

第二，坚定不移依靠各族干部群众，一道维护民族团结和社会稳定。暴恐活动是对人权的漠视和践踏，是对各民族、信仰或不信仰宗教的人民群众生命权与生活安宁的破坏。要坚定不移同各民族、各宗教人民群众携手抗击恐怖主义，筑起铜墙铁壁，使暴恐分子成为全民族的共同敌人，把民族工作落实到人民群众内部，清除极端势力滋生的土壤。

第三，注重反恐的彻底性。恐怖主义不分国界，许多恐怖组织具有跨国界的特点，这使国际反恐合作十分必要。开展国际反恐合作，首先要坚持联合国在国际反恐中的主导作用。其次要妥善解决地区热点问题，遏制恐怖主义蔓延，避免恐怖组织利用混乱形势暗中扩大势力。最后要标本兼治，在我国反恐斗争中，不仅要用国家力量打击恐怖主义、极端主义势力，还要以多种经济方式，拓宽可能受极端主义影响人群的就业面、提高其收入，大力加强反恐宣传，防止恐怖主义在人民群众中以任何形式蔓延。

第四，下好先手棋，打好主动仗。要未雨绸缪、积极主动防范各种风险，建立预防及迅速有效的处突响应机制，最大限度将恐怖主义威胁消除在萌芽状态。我国在2015年制定了《反恐怖主义法》，为防范和惩治恐怖活动、加强反恐工作提供了法律依据。此外，我国相关部门也在不断提高防范恐怖主义、打击极端主义的水平，通过下好先手棋、打好主动仗，为人民创造安定和谐的社会环境。

第五，完善集中统一、权威高效的国家安全领导体制。党的十八届三中全会决定设立国家安全委员会，目的就是更好地适应我国国家安全面临的新形势新任务。反对和打击恐怖主义，离不开党中央的集中统一领导，必须统筹应对传统安全和非传统安全，发挥国家安全工作协调机制作用，用好国家安全政策工具箱，全面掌握各类危害国家安全的新行为、新动向，构建集各领域安全于一体的国家安全体系，统筹应对各领域安全风险。

二、唐山烧烤店打人事件

1. 案例概况[1]

2022年6月10日凌晨2时40分许，河北省唐山市公安局路北分局机场路一家烧烤店内，发生一起寻衅滋事、暴力殴打他人案件。犯罪嫌疑人陈某志进入烧烤店内，对正在用餐的4名女子中的1人进行骚扰，遭女子拒绝后对受害女子进行殴打，随后陈某志同行用餐人员刘某等，冲入店内对受害女子及其同伴进行殴打，并将受害女子等人拖至店外继续殴打。案发后，犯罪嫌疑人逃离现场。

后清晰记录案发过程的门店监控视频流出，随即新闻媒体在微博、微信、短视频等平台对此事件进行了报道，相关话题迅速成为公众关注的焦点，引起有关部门高度重视。经警方调查显示，9名涉案人员中有7名男性、2名女性，案发时多人实施了暴力行为。经查，涉案人员中多人有寻衅滋事、开设赌场、非法拘禁、故意伤害等前科劣迹。9名涉案人员中有5人于6月11日凌晨被抓获，另外4名涉案外逃人员在江苏某地服务区弃车并翻越高速护栏逃跑，最后落网。

2. 案例研析

唐山烧烤店打人事件在网络上引起轩然大波，反映了人民群众对社会安全的担忧。社会安全包括防范、控制和消除直接威胁社会公共秩序和人民群众生命财产安全的治安、刑事、暴恐事件，以及大规模群体性事件等。社会安全保障涉及打击犯罪、维护社会稳定、社会治理、公共服务等各方面，涉及生产、工作、生活各环节，与人民群众切身利益息息相关。社会安全不仅是夯实社会主义现代化建设的社会基础，还直接反应人民群众的幸福感和获得感。

随着我国改革进入攻坚区、深水区，统筹协调各方面利益关系的难度更大，社会矛盾多样多发，关联性、复杂性、敏感性增强，极易引发影响社会稳定的重大群体性事件，此次唐山事件便触发了民众的敏感神经。伴随着我国社会主要矛盾的转化，人们期盼有更和谐的社会环境、更成熟的社会制度、更完善的福利保障、更稳定的社会治安环境。所以当人们看到这些不法分子在公共场合肆意凌辱女性时，表现出了极大的愤怒与恐惧：一方面是对打人者的谴责，对当事人的同情；另一方面更是撕裂了被害人对社会安全的信任与需求。

随着事件信息不断披露，问题本质也浮出水面：这不单是一起骚扰和暴力打人事

---

〔1〕 案例来源：《唐山烧烤店打人案细节》，载闽南网，http://www.mnw.cn/news/shehui/2644228.html，2022-06-21；《2022年度十大典型案例之二：唐山烧烤店打人案》，载腾讯网，https://new.qq.com/rain/a/20230208A00VZR00，2023-02-08。

件，更是一起恶性社会治安事件。当地此前堆积的问题开始爆发，6 月 10 日晚，河北唐山某蛋糕店老板实名举报当地涉嫌黑社会团伙对其敲诈勒索；6 月 11 日，唐山一女子通过视频软件，实名举报自己曾被关黑屋群殴，囚禁时间长达 16 小时。于是，不少别有用心的人开始利用民众的愤怒情绪，将矛头指向党和政府，并上升到制度层面。

诚然，唐山当地治安存在问题，应对相关部门和负责人进行处罚和批评，但民众也应提升自己的国家安全意识，警惕被别人牵着鼻子走，防范某些人偷换概念，造成对社会安全的破坏。维护社会安全是国家安全的重要内容，对于保障人民安全、维护国家利益，不断提高人民群众的获得感、幸福感和安全感，实现国家长治久安，具有根本性、全局性重大意义。没有社会安全，就没有国家安全，更没有人民安全。同时，人民安全是国家安全的宗旨，是党的性质和宗旨的重要体现，归根到底是在党的领导和中国特色社会主义制度下，为人民群众安居乐业提供坚强保障。因此，必须坚守社会安全这一国家安全重要领域，坚持人民安全、政治安全、国家利益至上有机统一，以党的长期执政、国家长治久安，为人民安居乐业、幸福安康提供有力政治保证。同时为遏制重大公共安全事件发生，适应平安中国建设新要求，最大限度减少国家和人民损失，必须建立全方位、立体化的公共安全保障平台。

三、疫苗造假案件

1. 案例概况[1]

2017 年 11 月，长某生物科技有限责任公司（简称"长某"）和武汉某生物制品研究所有限责任公司，生产的各批次共计 65 万余支百白破疫苗（其中 25 万支疫苗销往山东省疾病预防控制中心，21 万支疫苗销往河北省疾病预防控制中心，19 万支疫苗销往重庆市疾病预防控制中心）效价指标不符合标准规定，被食药监总局责令查明流向，并要求立即停止使用不合格产品。

2018 年 7 月 15 日，国家药品监督管理局发布通告：检查组在对长某进行飞行检查时发现，长某在冻干人用狂犬病疫苗生产过程中，存在记录造假等严重违反《药品生产质量管理规范》的行为。所幸此次飞行检查中所有涉事批次产品尚未出厂和上市销售，全部产品已得到有效控制。通告明确，国家药监局已要求吉林省局收回长某《药品 GMP 证书》，责令企业停止狂犬疫苗生产，责成企业严格落实主体责任，全面排查风险隐患，主动采取控制措施，确保公众用药安全。

7 月 19 日，长某公告称，收到《吉林省食品药品监督管理局行政处罚决定书》，决定：（1）没收库存的"吸附无细胞百白破联合疫苗"186 支；（2）没收违法所得 85.9

---

〔1〕 案例来源：《长春长生疫苗事件始末》，载搜狐网，https：//www.sohu.com/a/427013527_ 120835151，2020-10-24；张柯：《新媒体背景下地方政府公信力建设研究——以"长春长生假疫苗"事件为例》，山西大学 2021 年硕士学位论文。

万元；（3）处违法生产药品货值金额 3 倍罚款 258 万元；罚没款总计 344 万元。

7月20日，吉林省食品药品监督管理局发布行政处罚公示，长某生产的"吸附无细胞白百破联合疫苗"经中国食品药品检定研究院检验，检验结果"效价测定"项不符规定，按劣药论处。

2. 案例研析

根据有关规定，疫苗生产应按批准的工艺流程在一个连续的生产过程内进行。但上述企业为降低成本、提高狂犬病疫苗生产成功率，违反批准的生产工艺组织生产。为掩盖上述违法违规行为，企业有系统地编造生产、检验记录，开具填写虚假日期的实验品购买发票，以应付监管部门检查。

党的二十大报告把"推进健康中国建设，把保障人民健康放在优先发展的战略位置"置于第九部分"增进民生福祉，提高人民生活品质"中作出阐述，足见健康于社会、于人民之重要性。疫苗安全不仅是重大基本民生问题，亦关乎社会安全。疫苗全链条治理的基石在于确保人民的生命健康，这不仅是面对公共卫生领域重大风险的行动方略，也是不可逾越的底线。鉴于疫苗企业的独特性质与使命，它们的责任超越了常规企业的范畴，既要确保疫苗生产的安全性，也要确保产品的合格与有效性。长某作为同时具备生产一类疫苗与二类疫苗能力的企业，占据了国内大部分疫苗市场，理应承担与其市场地位相匹配的社会责任。然而，这一事件却凸显出长某的行为与理应承担社会责任的巨大反差。该企业未能充分意识到自己作为疫苗行业的领头羊，在追求利益的同时，必须坚守国家法律法规的底线，更不能以牺牲公众的生命健康为代价来换取经济利益。

疫苗是公共卫生安全的重要保障，疫苗造假事件急需解决公众对于疫苗供应安全、质量等问题的担忧和信任危机。随着新时代社会主要矛盾的转化，如何更好地保障人民群众生命健康成为重要命题。政府应协助化解民众对于问题疫苗产生的焦虑情绪。针对社会治理存在的弱项，党的十九届五中全会明确提出，要加强社会治理创新，不断优化治理体系、完善监管制度、动员全体参与。建立以预防为主、防治结合的卫生工作方针，建立健全重大公共卫生事件应急管理体系和制度。为此，应从以下几个方面着力：一是加快推进公共卫生立法，完善突发事件应急法律法规；二是建立健全重大公共卫生事件应急管理体系，特别是在发生严重影响人民群众生命健康安全的公共卫生事件时，政府应尽快建立起符合自身实际情况的突发事件应急管理体系；三是加大公共卫生教育培训力度，提高应对重大公共卫生问题的能力；四是加强应急管理人才培养，提高全社会的公共卫生危机处理水平；五是加强宣传和舆论引导，在全社会营造维护健康安全的文化氛围。

社会的进步与转型离不开国家公共卫生事业。从前述疫苗事件来看，其危害性不仅在于损害了我国公共卫生安全，更重要的是对我国人民群众生命健康安全、国家经济和社会发展带来的影响。国家公共卫生事业是中国发展进步的重要保障，因此应从制度机制和体系建设上，提高应对重大公共卫生事件的能力，并在全社会营造维护健康安全的文化氛围，保障人民群众身体健康。

第二节　政策、制度（摘录）及拓展研析资料

一、社会安全领域风险治理政策话语表达（摘录）

1. 2015 年，习近平在中央政治局第二十三次集体学习时强调："公共安全连着千家万户，确保公共安全事关人民群众生命财产安全，事关改革发展稳定大局。要牢固树立安全发展理念，自觉把维护公共安全放在维护最广大人民根本利益中来认识，扎实做好公共安全工作，努力为人民安居乐业、社会安定有序、国家长治久安编织全方位、立体化的公共安全网。"

2. 2019 年，习近平在中央政治局第十九次集体学习时强调："应急管理是国家治理体系和治理能力的重要组成部分，承担防范化解重大安全风险、及时应对处置各类灾害事故的重要职责，担负保护人民群众生命财产安全和维护社会稳定的重要使命。""要健全风险防范化解机制，坚持从源头上防范化解重大安全风险，真正把问题解决在萌芽之时、成灾之前。"

3. 2021 年，中央政治局召开会议强调："要积极维护社会安全稳定，从源头上预防和减少社会矛盾，防范遏制重特大安全生产事故，提高食品药品等关系人民健康产品和服务的安全保障水平。"

4. 2022 年，党的二十大报告指出："国家安全是民族复兴的根基，社会稳定是国家强盛的前提。""坚持安全第一、预防为主，建立大安全大应急框架，完善公共安全体系，推动公共安全治理模式向事前预防转型。""健全共建共治共享的社会治理制度，提升社会治理效能……发展壮大群防群治力量，营造见义勇为社会氛围，建设人人有责、人人尽责、人人享有的社会治理共同体。"

5. 2025 年，习近平在中央政治局第十九次集体学习时强调："建设更高水平平安中国，事关事业兴旺发达、事关人民美好生活、事关国家长治久安。要坚定不移贯彻总体国家安全观，在国家更加安全、社会更加有序、治理更加有效、人民更加满意上持续用力，把平安中国建设推向更高水平。"

二、社会安全领域风险治理制度表达（摘录）

1.《国家安全法》第 28 条："国家反对一切形式的恐怖主义和极端主义，加强防范和处置恐怖主义的能力建设，依法开展情报、调查、防范、处置以及资金监管等工作，依法取缔恐怖活动组织和严厉惩治暴力恐怖活动。"

2. 《国家安全法》第 29 条："国家健全有效预防和化解社会矛盾的体制机制，健全公共安全体系，积极预防、减少和化解社会矛盾，妥善处置公共卫生、社会安全等影响国家安全和社会稳定的突发事件，促进社会和谐，维护公共安全和社会安定。"

3. 《反恐怖主义法》第 2 条："国家反对一切形式的恐怖主义，依法取缔恐怖活动组织，对任何组织、策划、准备实施、实施恐怖活动，宣扬恐怖主义，煽动实施恐怖活动，组织、领导、参加恐怖活动组织，为恐怖活动提供帮助的，依法追究法律责任。国家不向任何恐怖活动组织和人员作出妥协，不向任何恐怖活动人员提供庇护或者给予难民地位。"

4. 《反恐怖主义法》第 9 条："任何单位和个人都有协助、配合有关部门开展反恐怖主义工作的义务，发现恐怖活动嫌疑或者恐怖活动嫌疑人员的，应当及时向公安机关或者有关部门报告。"

5. 《突发事件应对法》第 5 条："突发事件应对工作实行预防为主、预防与应急相结合的原则。国家建立重大突发事件风险评估体系，对可能发生的突发事件进行综合性评估，减少重大突发事件的发生，最大限度地减轻重大突发事件的影响。"

6. 《传染病防治法》第 12 条："在中华人民共和国领域内的一切单位和个人，必须接受疾病预防控制机构、医疗机构有关传染病的调查、检验、采集样本、隔离治疗等预防、控制措施，如实提供有关情况。疾病预防控制机构、医疗机构不得泄露涉及个人隐私的有关信息、资料。卫生行政部门以及其他有关部门、疾病预防控制机构和医疗机构因违法实施行政管理或者预防、控制措施，侵犯单位和个人合法权益的，有关单位和个人可以依法申请行政复议或者提起诉讼。"

7. 《食品安全法》第 4 条："食品生产经营者对其生产经营食品的安全负责。食品生产经营者应当依照法律、法规和食品安全标准从事生产经营活动，保证食品安全，诚信自律，对社会和公众负责，接受社会监督，承担社会责任。"

三、社会安全领域风险治理拓展研析资料

1. 贾鼎、赵家正：《调适与演进：城市基层社会安全治理的结构、问题与进路》，载《公安学研究》2020 年第 3 期。（关注基层社会安全治理）

2. 彭向刚、刘振军：《论我国社会安全治理现代化的推进路径——以矛盾论为分析工具》，载《理论探讨》2020 年第 4 期。（理解社会安全治理现代化）

3. 王龙：《社会安全治理关键要素对社会安全水平的影响机制研究》，载《公安学研究》2021 年第 4 期。（把握社会安全治理的关键要素）

4. 王亚荣、熊贤培：《突发社会安全事件的网络舆情演化及其管控》，载《武汉理工大学学报（社会科学版）》2021 年第 4 期。（认识社会安全事件引发舆情问题）

5. 王伟进、张亮：《风险防范：加强和创新社会治理的新的重大任务》，载《南京社会科学》2023 年第 1 期。（把握社会风险防范化解）

6. 王桂芳、李占彬：《主动安全：技术革新与社会安全的新维度》，载《未来与发展》2025 年第 2 期。（关注主动安全在实现社会安全中的重要性）

7. 史可贞、林群雄等：《数字孪生助力社会安全治理革新：机遇与挑战》，载《中国人民警察大学学报》2025 年第 2 期。（关注数字孪生技术在社会安全治理中的应用）

第六章 科技安全领域风险治理

【本章提要】在现代社会，科学技术是第一生产力，是国家安全的重要保障。作为国家安全体系的重要组成部分，科技安全对经济社会发展具有十分重要的推动作用，是国家其他领域安全的技术基础，科技创新构成保障国家安全的战略支撑。当前，我国科技安全面临内部泄露科技秘密、外部打压科技企业发展等方面的风险挑战。本部分所选案例反映了我国科技安全面临来自内部和外部的严峻风险挑战。

第一节 典型案例研究

黄某刺探科技秘密案

1. 案例概况[1]

黄某于 1997 年 7 月计算机专业毕业后进入涉密科研所工作，因其能力不能满足岗位要求、工作态度不端，5 年内更换了 3 个部门，但业绩始终靠后。按照单位末位淘汰制的规定，黄某将被解职。黄某所在单位承担我国相关密码的研发工作，有高度保密性。黄某对自己被解职心怀不满，且为获取非法利益，产生了向境外间谍组织出卖私自留存的国家秘密资料以换取金钱的念头。2002 年春节后，黄某在网上向间谍机构留言，并很快收到回复。黄某将 3 份有关军用保密机的电子文档拷贝给对方，由此达成合作：间谍机构每月支付给黄某 5000 美元，并当场支付了 1 万美元"奖金"。在金钱诱惑下，黄某成了一名为境外间谍机关提供情报的间谍。2002 年 6 月至 2011 年 9 月，黄某一直对外宣称自己在一家深圳公司驻四川办事所工作，每年还要到海外开会，以此掩饰自己间谍身份。事实上，在此期间，黄某多次与该间谍组织代理人见面，并接受任务和指示，向该间谍组织提供其非法收集、窃取的国家秘密。其妻唐某在另一家涉密单位工作，是一名资料管理员，黄某复制了唐某电脑上备份的资料，并在帮助与唐某在同一单位任职的姐夫谭某维修电脑时，趁机拷贝其中的保密文档，还利用以前的同事获取情报，以便寻找新的秘密信息。

---

〔1〕 案例来源：《〈焦点访谈〉：致命的密码 身边的"暗战"》，载央视影音视频，http：//m. app. cctv. com/vsetv/detail/C10326/184ccb0675844356b773d8f1cc733b79/index. shtml#0，2016-04-18；《涉密单位前员工向境外间谍售 15 万份国家机密，被判死刑》，载澎湃新闻网，https：//www. thepaper. cn/newsDetail_ forward_ 1662950，2017-04-15。

据统计，黄某主动向境外间谍机关提供 15 万余份资料，其中绝密级国家秘密 90 项、机密级国家秘密 292 项、秘密级国家秘密 1674 项，对我国党、政、军、金融等多个部门密码通信安全造成难以估量的损失。2011 年 12 月，黄某被抓获归案，侦查机关在其家中查获其存储非法收集、窃取的国家秘密资料的光盘若干、间谍专用器材 2 个及大量外币。2014 年 9 月，经最高人民法院复核，被告人黄某参加间谍组织，接受间谍组织及其代理人的任务，危害国家安全，其行为已构成间谍罪。黄某提供的国家秘密数量多、密级高，其行为对国家和人民危害特别严重，情节特别恶劣，应依法严惩。2016 年 2 月，最高人民法院核准黄某死刑，并收缴间谍经费。其妻唐某、姐夫谭某也因过失泄露国家机密罪分别被判处有期徒刑。

2. 案例研析

黄某刺探科研秘密，向境外间谍组织出卖大量机密文件，严重危害了我国科技安全。科技安全，即科技体系完整有效、国家重点领域核心技术安全可控、国家核心利益和安全不受外部科技优势危害，以及保障科技持续安全状态的能力。从历史角度看，核心技术安全是维护国家主权安全的重要支撑；从现实角度看，科技体系的完备性是维护总体国家安全的重要手段；从未来角度看，科技自立自强是确保国家核心利益不受损害的坚固基石。一个国家的科技安全态势反映了国家能力的四个方面：一是国家利益免受国外科技优势威胁和敌对势力、破坏势力以技术手段相威胁的能力；二是国家利益免受科技发展自身的负面影响的能力；三是国家以科技手段维护国家安全的能力；四是国家在国际国内环境中保障科学技术健康发展，以及依靠科学技术提高综合国力的能力。

在总体国家安全观框架下，科技安全被视为国家安全保障体系的基石和核心驱动力，其不仅维系着国家安全保障体系的稳固，还推动着国家安全领域的发展进程。科技安全可为其他安全领域提供稳固的技术支撑，是实现创新驱动发展战略的关键要素。科技安全事关国家富强、民族复兴、人民幸福，作为具有第一生产力功能的科学技术已成为现代经济、社会发展及军事装备现代化的关键。为提升我国国际竞争力，确保经济社会持续健康发展，有效保障和改善民生，以及维护国防安全，国家必须拥有强大的科技安全保障能力。在新一轮科技革命和产业革命浪潮中，科技创新被赋予了提升社会生产力、增强国际竞争力、强化综合国力，以及确保国家安全的战略使命。故而，需将科技创新置于国家安全发展战略全局的核心位置，予以高度重视和优先发展。

黄某为境外组织提供国家秘密的时间之久、数量之多、跨度之广，造成我国科学技术的大幅流失，也为其他敌视我国的国家提供了便利，损害了我国技术发展的科技安全，严重危害国家安全。近年来，世界局势发展的不确定性、不稳定性增加，一些国家受国内政治影响对外政策趋向保守，单边主义、结盟对抗、零和博弈等传统安全思维出现回潮倾向，技术上的失利会带来难以估量的国家安全风险。互联网时代，地缘政治的发展逐渐超越了地理位置和空间的范畴，更加重视意识形态领域的争夺，并把文化与文明因素置于未来引发国家间冲突的首要地位，虚拟网络空间作为未来国家间争夺的战略高地也需要科学技术的支持。因此，强化关键信息基础设施防护，加强科技安全预警监测，确保科技安全，更好适应国家安全工作需要，不断加固国家安全保障的防护网乃重中之重。

维护和保障科技安全不单是科技实力的问题，也是涵盖战略、制度和管理等方面的综合性问题。黄某泄露科研秘密不但反映出涉密单位工作人员国家安全意识不足，也反映了涉密单位中涉密信息风险监测评估体系不尽完善。为此，涉密单位一方面应做好涉密人员的思想工作，积极宣传国家安全相关知识，提高涉密人员维护国家安全的意识和素养，引导涉密人员严格遵守相关规章制度，严格保守国家秘密，维护国家安全；另一方面，涉密单位应完善数据流通相关程序，以防不法分子通过网络等途径窃取国家机密文件，同时要做好数据保护工作，严格规范内部成员行为，严禁职员利用职务之便私自拷贝涉密信息。

第二节　政策、制度（摘录）及拓展研析资料

一、科技安全领域风险治理政策话语表达（摘录）

1. 2014 年，习近平在中国科学院第十七次院士大会、中国工程院第十二次院士大会上指出："只有把核心技术掌握在自己手中，才能真正掌握竞争和发展的主动权，才能从根本上保障国家经济安全、国防安全和其他安全。"

2. 2019 年，习近平在省部级主要领导干部坚持底线思维，着力防范化解重大风险专题研讨班开班式上强调："科技领域安全是国家安全的重要组成部分。要加强体系建设和能力建设，完善国家创新体系，解决资源配置重复、科研力量分散、创新主体功能定位不清晰等突出问题，提高创新体系整体效能。要加快补短板，建立自主创新的制度机制优势。要加强重大创新领域战略研判和前瞻部署，抓紧布局国家实验室，重组国家重点实验室体系，建设重大创新基地和创新平台，完善产学研协同创新机制。要强化事关国家安全和经济社会发展全局的重大科技任务的统筹组织，强化国家战略科技力量建设。要加快科技安全预警监测体系建设，围绕人工智能、基因编辑、医疗诊断、自动驾驶、无人机、服务机器人等领域，加快推进相关立法工作。"

3. 2023 年，习近平在中央政治局第二次集体学习时强调："要加快科技自立自强步伐，解决外国'卡脖子'问题。健全新型举国体制，强化国家战略科技力量，优化配置创新资源，使我国在重要科技领域成为全球领跑者，在前沿交叉领域成为开拓者，力争尽早成为世界主要科学中心和创新高地。实现科教兴国战略、人才强国战略、创新驱动发展战略有效联动，坚持教育发展、科技创新、人才培养一体推进，形成良性循环；坚持原始创新、集成创新、开放创新一体设计，实现有效贯通；坚持创新链、产业链、人才链一体部署，推动深度融合。"

二、科技安全领域风险治理制度表达（摘录）

1. 《中华人民共和国国家安全法》第 24 条："国家加强自主创新能力建设，加快发展自主可控的战略高新技术和重要领域核心关键技术，加强知识产权的运用、保护和科技保密能力建设，保障重大技术和工程的安全。"

2. 《中华人民共和国国家安全法》第 73 条："鼓励国家安全领域科技创新，发挥科技在维护国家安全中的作用。"

3. 《中华人民共和国科学技术进步法》第 5 条："国家统筹发展和安全，提高科技安全治理能力，健全预防和化解科技安全风险的制度机制，加强科学技术研究、开发与应用活动的安全管理，支持国家安全领域科技创新，增强科技创新支撑国家安全的能力和水平。"

4. 《中华人民共和国科学技术进步法》第 28 条："国家完善关键核心技术攻关举国体制，组织实施体现国家战略需求的科学技术重大任务，系统布局具有前瞻性、战略性的科学技术重大项目，超前部署关键核心技术研发。"

5. 《中华人民共和国科学技术进步法》第 106 条："国家实行科学技术保密制度，加强科学技术保密能力建设，保护涉及国家安全和利益的科学技术秘密。国家依法实行重要的生物种质资源、遗传资源、数据资源等科学技术资源和关键核心技术出境管理制度。"

三、科技安全领域风险治理拓展研析资料

1. 李大光：《颠覆性技术与科技安全》，载《中国军转民》2020 年第 4 期。（认识颠覆性技术对科技安全的影响）

2. 陈文博：《我国关键科技领域安全：内涵、现状和对策》，载《今日科苑》2020 年第 9 期。（认识关键科技领域的安全问题）

3. 赵世军、董晓辉：《新时代我国科技安全风险的成因分析及应对策略》，载《科学管理研究》2021 年第 3 期。（把握新时代科技安全风险）

4. 张首魁：《深化对关键核心技术攻关新型举国体制的认识》，载《理论视野》2022 年第 12 期。（理解关键核心技术攻关新型举国体制）

5. 周文康、费艳颖：《美国科技安全创新政策的新动向——兼论中国科技自立自强战略的新机遇》，载《科学学研究》2023 年第 3 期。（关注科技自立自强）

6. 张潇、苏楠等：《中国科技安全研究图鉴》，《科学学研究》，2024 年 9 月 5 日中国知网网络首发。（关注科技安全研究状况）

7. 刘鑫、李雪等：《国家科技安全：风险机构、系统韧性与实现路径》，载《科学学研究》2025 年第 1 期。（把握科技安全治理路径）

第七章 网络安全领域风险治理

【本章提要】进入互联网时代，网络安全是国家安全的重要组成部分，网络安全"牵一发而动全身"，没有网络安全就没有国家安全。当前，网络安全威胁和风险日益突出，并向政治、军事、经济、文化、社会、科技等领域传导渗透，网络安全已成为我国最为严峻复杂的非传统安全问题之一。本部分所选案例反映了国家网络安全面临的风险与挑战，这些风险与挑战连锁联动效应明显，风险链条变得越来越长，各种风险因素相互交织形成复杂的风险综合体。

第一节 典型案例研究

西北工业大学遭网络攻击事件

1. 案例概况[1]

2022年4月12日，西北工业大学报警称，该校电子邮件系统发现一批以科研评审答辩邀请和出国通知为主题的钓鱼软件，内含木马程序，引诱部分师生点击链接，非法获取师生电子邮箱登录权限，致使相关邮件数据出现被窃取风险。同时，部分教职工的电脑中也发现遭受网络攻击的痕迹。同月23日，西安市公安局碑林分局发布警情通报，证实在西北工业大学的信息网络中，发现多款境外木马和恶意程序样本，并正式立案调查。

国家计算机病毒应急处理中心和360公司联合组成技术团队，全程参与此案技术分析工作。技术团队从西北工业大学多个信息系统和上网终端提取到了多款木马样本，综合使用现有数据资源和分析手段，加之多国合作伙伴通力支持，全面还原攻击事件总体概貌、技术特征、攻击武器、攻击路径和攻击源头，初步判明相关攻击活动源自美国国家安全局信息情报部数据侦查局下属"特定入侵行动办公室"（Office of Tailored

---

〔1〕 案例来源：《警方通报西工大遭钓鱼邮件：初判为境外黑客网络攻击 已立案侦查》，载央广网，https://www.cnr.cn/sxpd/dqzs/20220623/t20220623_ 525878700. shtml，2022-06-23；《西北工业大学遭网络攻击活动源自美国国家安全局》，载央视网，http://news.cctv.com/2022/09/05/ARTIRpv9fAsIyfM6WrWukdzU220905. shtml，2022-09-05；李云舒、薛鹏等：《西北工业大学遭受美国国家安全局网络攻击 揭开"黑客帝国"虚伪面纱》，载《中国纪检监察报》2022年9月6日，第4版；《西北工业大学遭美国NSA网络攻击：美方逐步渗透、长期窃密》，载央视网，http://news.cctv.com/2022/09/27/ARTI1YjUCAzciKAsNQsy1Rxd220927. shtml，2022-09-27。

Access Operation，TAO）。该部门成立于 1998 年，其力量部署主要依托美国国家安全局在美国和欧洲的各密码中心，目前已有 6 个密码中心被公布。本次美国国家安全局针对西北工业大学的攻击行动由 TAO 负责人直接指挥，任务基础设施技术处负责构建侦察环境、租用攻击资源；需求与定位处负责确定攻击行动战略和情报评估；先进/接入网络技术处、数据网络技术处、电信网络技术处负责提供技术支撑；远程操作中心负责组织开展攻击侦察行动。

调查发现，TAO 近年对我国内网络目标（西北工业大学和中国运营商敏感信息）实施了上万次恶意网络攻击，控制了数以万计的网络设备，窃取了超 140GB 的高价值数据，包括窃取西北工业大学远程业务管理账号口令、操作记录等关键敏感数据；西北工业大学网络设备运维配置文件和日志文件；渗透控制中国基础设施核心设备，查询一批我国境内敏感身份人员，并将用户信息回传至美国国家安全局总部。经技术分析与溯源，技术团队已查清 TAO 攻击活动中使用的网络攻击基础设施、专用武器装备及技术，还原了攻击过程和被窃取文件，掌握了美国国家安全局及其下属 TAO 对中国信息网络实施网络攻击和数据窃密的相关证据，涉及在美国国内对中国直接发起网络攻击的人员 13 名，以及美国国家安全局通过掩护公司，为构建网络攻击环境而与美国电信运营商签订的合同 60 余份，电子文件 170 余份。

为掩护攻击行动，TAO 在行动前进行了较长时间准备工作，主要进行匿名化攻击基础设施建设。TAO 利用掌握的两个"零日漏洞"，选择我国周边国家的教育机构、商业公司等网络应用流量较多的服务器为攻击目标；攻击成功后，安装木马程序控制大批跳板机（系统管理员或运维人员常用的批量操作远程设备的操作平台）。TAO 在此次网络攻击行动中使用了 54 台跳板机和代理服务器，主要分布在日本、韩国、瑞典、波兰、乌克兰等 17 个国家，其中 70% 位于中国周边。这些跳板机的功能仅限于指令中转，即将上一级跳板指令转发到目标系统，从而掩盖美国国家安全局发起网络攻击的真实 IP。目前，技术团队已至少掌握 TAO 从其接入环境（美国国内电信运营商）控制跳板机的 4 个 IP 地址。同时，为进一步掩盖跳板机和代理服务器与美国国家安全局间的关联，美国国家安全局使用了美国 Register 公司的匿名保护服务，对相关域名、证书及注册人等可溯源信息进行匿名化处理，令受攻击者无法通过公开渠道进行查询。

2. 案例研析

网络安全是指通过采取必要措施，防范攻击、侵入、干扰、破坏和非法使用网络及网络意外事故，维护网络稳定可靠的运行状态，以及保障网络数据的完整性、保密性和可用性的能力。网络安全已成为我国面临的最复杂、最现实、最严峻的非传统安全问题之一。

2019 年以来，全球大国战略竞争不断加剧，网络工具使用更加频繁，围绕网络空间发展主导权、制网权的争夺日趋激烈，网络安全风险突出，全球大国都在逐步完善国家网络安全战略。2023 年 3 月，美国政府发布《国家网络安全战略》，详细阐述了美国政府改善数字安全的系统性方法，旨在帮助美国准备和应对新的网络安全威胁，并试图通过网络安全战略在全球网络空间扩展单一国家主权。作为网络技术领域强国，美国借"国家利益"之名，公然违背国际法及国际关系基本准则，不顾基本的道德操守与国际信义，对他国开展大规模网络信息窃取与监听监控活动，严重破坏和威胁他国国家安全。

美国国家安全局针对我国西北工业大学网络系统的攻击事件，实则是美国在无形的网络战场上对中国发起网络战。西北工业大学作为"国防七子"高等学府之一，在国内独树一帜，专注于航空、航天、航海三大工程领域的教育与科研，并深度参与国内多项顶尖科研技术研发工作。此次，TAO对西北工业大学进行恶意网络攻击的用意在于窃取我国国防相关资料。

作为互联网技术开发应用的有重要影响力的国家，美国深知网络技术在国际政治、经济、文化等领域的重要作用。对美国来说，互联网技术是一种新式战略手段，是其建立网络霸权、巩固国际地位的常用手段。近年来，美国大肆宣扬"网络攻击论""黑客威胁""网络冷战"等充满强权政治色彩的思想，并逐渐将网络安全问题上升至国家战略层面。美国针对性地实施了一系列举措，对外将互联网技术用作打击他国的重要信息战武器，对内则加紧网络技术迭代升级，以此保持世界霸主地位。中国作为美国重要战略竞争对手，长期以来遭受美国国家安全局的网络攻击，其通过黑客攻击我国重点企业、政府机构、高等学府、科研机构及关键信息基础设施单位，以非法获取网络设备访问权限，秘密潜入我国网络服务和监管系统，进而盗取用户隐私数据，给我国国家安全构成严峻挑战。西北工业大学遭受的网络攻击事件，仅是一系列网络攻击事件中的具体案例。

当前，美国及各类境外势力的网络攻击形式越来越多样，多渠道、多方式使得其变得防不胜防。近年来，我国同样加强了对网络安全问题的重视，大力建设了一系列网络安全相关基础设施，培养了一大批网络技术领域的人才，利用各种形式进行网络安全宣传、知识科普，使公众对网络安全问题的认识不断加深，这些都推动了网络安全领域不断良性发展。

西北工业大学遭网络攻击事件及后续的应对处置，展现了我国在网络安全领域处理应急事件的能力。西北工业大学、中国国家计算机病毒应急处理中心与360公司面对问题响应迅速，完整揭露了美国国家安全局针对我国境内网络目标实施攻击的行径，不仅向世界展示了我国在网络安全领域的建设成果，还打破了一直以来美国对我国在网络安全领域的单向优势，为我国网络安全事业交上了一份优异答卷。此次事件对我国网络安全、数据安全造成了严重危害，值得我们深思，如何维护网络安全已成为信息时代具有重要意义的课题。

党的十八大以来，以习近平同志为核心的党中央系统部署和全面推进网络安全和信息化工作，提出并发布《国家网络空间安全战略》，力争早日实现把我国建设成网络强国的目标。该战略强调尊重网络主权的重要性，即尊重各国在网络发展道路、管理模式、互联网公共政策及国际网络空间治理中的自主选择权和平等参与权，坚决反对网络霸权，不干涉他国内政，不从事、纵容或支持任何可能危害他国国家安全的网络活动。该战略还主张国际社会共同努力，共同遏制信息技术滥用，反对网络空间开展军备竞赛。为此，可从以下几个方面着力，以筑牢国家网络安全屏障。

一是积极开展网络竞争和抢占未来发展制高点。牢牢把握网络技术进步大方向，强化网络安全战略导向和目标引导，加快推进网络安全领域顶层设计；大力发展网络科学技术，努力成为世界主要网络科技中心和创新高地，不断夯实数字化安全底座；加快构筑支撑高端引领的先发优势，在人工智能、量子信息等新兴网络科技领域成为领跑者。

二是全面增强网络安全威慑力与防御力。构建有自身特色的网络威慑战略，通过政策宣誓展现自身反击意志力；以强大防御体系形成拒止能力，通过超量建设确保遭受攻击后，网络系统继续运行；以推动网络国际空间合作与互信为目的，同时谨慎使用网络武器，加大打击恶意网络攻击的力度；制定完善网络安全战略规划和法律体系，不断提高网络安全保障能力和网络空间执法能力。

三是引导公民自觉强化网络安全意识。公民应提高个人防范意识，强化网络安全主人翁意识，注重自觉规范网络行为，不发布违法有害信息，以理性的态度上网，培养独立思考能力，不受境外势力鼓动和利用。每位公民都是网络安全责任人，如遇信息泄露或发现有威胁国家网络安全的事件时，应及时向相关部门反映。

四是加强国际合作来促进规范建构和制度安排，共建网络空间命运共同体。网络安全威胁是各国面临的共同挑战，维护网络安全是国际社会的共同责任。我国应积极参与全球网络空间安全治理，坚持和平利用网络空间的原则，与国际社会其他成员加强沟通与协作，坚决抵制网络霸权行为。为有效应对网络攻击，我们应确保网络空间保持和平、安全、开放、合作、有序的状态，积极推动构建多边、民主、透明的国际互联网治理体系，并制定能被各方接受的网络空间国际规则，旨在开创网络安全新局面，携手共建网络空间命运共同体。

第二节　政策、制度（摘录）及拓展研析资料

一、网络安全领域风险治理政策话语表达（摘录）

1. 2014 年，习近平在中央网络安全和信息化领导小组第一次会议上指出："网络安全和信息化对一个国家很多领域都是牵一发而动全身的，……网络安全和信息化是一体之两翼、驱动之双轮，必须统一谋划、统一部署、统一推进、统一实施。做好网络安全和信息化工作，要处理好安全和发展的关系，做到协调一致、齐头并进，以安

全保发展、以发展促安全，努力建久安之势、成长治之业。""没有网络安全就没有国家安全，没有信息化就没有现代化。"

2. 2016 年，习近平在网络安全和信息化工作座谈会上指出："当今的网络安全，有几个主要特点。一是网络安全是整体的而不是割裂的。在信息时代，网络安全对国家安全牵一发而动全身，同许多其他方面的安全都有着密切关系。二是网络安全是动态的而不是静态的。信息技术变化越来越快，过去分散独立的网络变得高度关联、相互依赖，网络安全的威胁来源和攻击手段不断变化，那种依靠装几个安全设备和安全软件就想永保安全的想法已不合时宜，需要树立动态、综合的防护理念。三是网络安全是开放的而不是封闭的。只有立足开放环境，加强对外交流、合作、互动、博弈，吸收先进技术，网络安全水平才会不断提高。四是网络安全是相对的而不是绝对的。没有绝对安全，要立足基本国情保安全，避免不计成本追求绝对安全，那样不仅会背上沉重负担，甚至可能顾此失彼。五是网络安全是共同的而不是孤立的。网络安全为人民，网络安全靠人民，维护网络安全是全社会共同责任，需要政府、企业、社会组织、广大网民共同参与，共筑网络安全防线。"

3. 2017 年，习近平在国家安全工作座谈会上强调："要筑牢网络安全防线，提高网络安全保障水平，强化关键信息基础设施防护，加大核心技术研发力度和市场化引导，加强网络安全预警监测，确保大数据安全，实现全天候全方位感知和有效防护。"

4. 2018 年，习近平在全国网络安全和信息化工作会议上强调："没有网络安全就没有国家安全，就没有经济社会稳定运行，广大人民群众利益也难以得到保障。要树立正确的网络安全观，加强信息基础设施网络安全防护，加强网络安全信息统筹机制、手段、平台建设，加强网络安全事件应急指挥能力建设，积极发展网络安全产业，做到关口前移，防患于未然。"

5. 2019 年，习近平对国家网络安全宣传周作出重要指示强调："国家网络安全工作要坚持网络安全为人民、网络安全靠人民，保障个人信息安全，维护公民在网络空间的合法权益。要坚持网络安全教育、技术、产业融合发展，形成人才培养、技术创新、产业发展的良性生态。要坚持促进发展和依法管理相统一，既大力培育人工智能、物联网、下一代通信网络等新技术新应用，又积极利用法律法规和标准规范引导新技术应用。要坚持安全可控和开放创新并重，立足于开放环境维护网络安全，加强国际交流合作，提升广大人民群众在网络空间的获得感、幸福感、安全感。"

二、网络安全领域风险治理制度表达（摘录）

1.《国家安全法》第 25 条："国家建设网络与信息安全保障体系，提升网络与信息安全保护能力，加强网络和信息技术的创新研究和开发应用，实现网络和信息核心技术、关键基础设施和重要领域信息系统及数据的安全可控；加强网络管理，防范、制止和依法惩治网络攻击、网络入侵、网络窃密、散布违法有害信息等网络违法犯罪行为，维护国家网络空间主权、安全和发展利益。"

2. 《网络安全法》第 12 条："国家保护公民、法人和其他组织依法使用网络的权利，促进网络接入普及，提升网络服务水平，为社会提供安全、便利的网络服务，保障网络信息依法有序自由流动。任何个人和组织使用网络应当遵守宪法法律，遵守公共秩序，尊重社会公德，不得危害网络安全，不得利用网络从事危害国家安全、荣誉和利益，煽动颠覆国家政权、推翻社会主义制度，煽动分裂国家、破坏国家统一，宣扬恐怖主义、极端主义，宣扬民族仇恨、民族歧视，传播暴力、淫秽色情信息，编造、传播虚假信息扰乱经济秩序和社会秩序，以及侵害他人名誉、隐私、知识产权和其他合法权益等活动。"

3. 《网络安全法》第 27 条："任何个人和组织不得从事非法侵入他人网络、干扰他人网络正常功能、窃取网络数据等危害网络安全的活动；不得提供专门用于从事侵入网络、干扰网络正常功能及防护措施、窃取网络数据等危害网络安全活动的程序、工具；明知他人从事危害网络安全的活动的，不得为其提供技术支持、广告推广、支付结算等帮助。"

4. 《关键信息基础设施安全保护条例》第 5 条："国家对关键信息基础设施实行重点保护，采取措施，监测、防御、处置来源于中华人民共和国境内外的网络安全风险和威胁，保护关键信息基础设施免受攻击、侵入、干扰和破坏，依法惩治危害关键信息基础设施安全的违法犯罪活动。任何个人和组织不得实施非法侵入、干扰、破坏关键信息基础设施的活动，不得危害关键信息基础设施安全。"

5. 《关键信息基础设施安全保护条例》第 6 条："运营者依照本条例和有关法律、行政法规的规定以及国家标准的强制性要求，在网络安全等级保护的基础上，采取技术保护措施和其他必要措施，应对网络安全事件，防范网络攻击和违法犯罪活动，保障关键信息基础设施安全稳定运行，维护数据的完整性、保密性和可用性。"

6. 《电信条例》第 6 条："电信网络和信息的安全受法律保护。任何组织或者个人不得利用电信网络从事危害国家安全、社会公共利益或者他人合法权益的活动。"

7. 《互联网信息服务管理办法》第 6 条："从事经营性互联网信息服务，除应当符合《中华人民共和国电信条例》规定的要求外，还应当具备下列条件：（一）有业务发展计划及相关技术方案；（二）有健全的网络与信息安全保障措施，包括网站安全保障措施、信息安全保密管理制度、用户信息安全管理制度；（三）服务项目属于本办法第五条规定范围的，已取得有关主管部门同意的文件。"

8. 《网络信息内容生态治理规定》第 8 条："网络信息内容服务平台应当履行信息内容管理主体责任，加强本平台网络信息内容生态治理，培育积极健康、向上向善的网络文化。"

三、网络安全领域风险治理拓展研析资料

1. 张涛：《人工智能时代的网络安全治理机制变革》，载《河南工业大学学报（社会科学版）》2022 年第 2 期。（理解人工智能时代的网络安全治理）

2. 门洪华、胡文杰：《中欧网络安全合作：进程、评估与走向》，载《同济大学学报（社会科学版）》2022 年第 4 期。（认识中欧网络安全合作）

3. 鲁传颖：《全球网络安全形势与网络安全治理的路径》，载《当代世界》2022 年第 11 期。（关注全球网络安全问题）

4. 郎平：《网络空间安全治理的全球性困境与中国对策》，载《国家治理》2022 年第 22 期。（把握网络空间安全治理的问题与对策）

5. 胡文杰：《中国网络空间治理：动因、挑战与路径》，载《网络安全技术与应用》2023 年第 2 期。（认识我国网络空间治理）

6. 冯登国：《人工智能已成为网络空间安全发展的关键变量》，载《智能系统学报》2025 年第 2 期。（关注人工智能对网络空间安全的影响）

第八章　数据安全领域风险治理

【本章提要】在高速发展的信息社会，数据作为国家基础性战略资源，已成为最为活跃的新型生产要素，数据安全之需求也日益凸显。数据安全不仅关乎每个人、每个组织的利益，而且与经济社会发展和国家安全密切相关，然而由于不安全的数据传输、系统漏洞、网络攻击等原因，数据泄露事件时有发生，数据安全面临着诸多风险挑战，全方位保护数据安全势在必行。本部分所选案例反映了我国数据安全面临的新问题、新风险。

第一节　典型案例研究

一、网约车平台危害数据安全事件

1. 案例概况[1]

2021 年 6 月 10 日，我国首部《中华人民共和国数据安全法》（以下简称《数据安全法》）出台。《数据安全法》第 36 条明确规定，非经中华人民共和国主管机关批准，境内的组织、个人不得向外国司法或者执法机构提供存储于中华人民共和国境内的数据。同日，我国国内某网约车平台向美国证券交易委员会提交招股说明书。

6 月 30 日，拥有海量数据、依托"大数据"赋能的某网约车平台，在美国纽约证券交易所上市，股票代码为"NYSE：DIDI"，首次公开募股发行定价为 14 美元，上市首日市值最高达 800 亿美元。

7 月 4 日，"网信中国"微信公众号发布《关于下架"某网约车平台"APP 的通报》：根据举报，经检测核实，"某网约车平台"APP 存在严重违法违规收集使用个人信息问题。国家互联网信息办公室（以下简称"国家网信办"）依据《网络安全法》相关规定，通知应用商店下架"某网约车平台"APP，要求某网约车平台严格按照法律要求，参照国家有关标准，认真整改存在的问题，切实保障广大用户个人信息安全。

---

[1] 案例来源：张静：《滴滴：从上市到下架》，载《汽车观察》2021 年第 7 期；《国家互联网信息办公室有关负责人就对滴滴全球股份有限公司依法作出网络安全审查相关行政处罚的决定答记者问》，载国家互联网信息办公室网站，http://www.cac.gov.cn/2022-07/21/c_1660021534364976.htm，2022-07-21；陆涵之：《滴滴被罚80.26亿元》，载《第一财经日报》2022 年 7 月 22 日，第 A04 版。

7月16日，网络安全审查办公室有关负责人表示，按照网络安全审查工作安排，国家网信办会同公安部、国家安全部、自然资源部、交通运输部、税务总局、市场监管总局等部门联合进驻滴滴出行科技有限公司，开展网络安全审查。7月21日，根据网络安全审查结论及发现的问题和线索，国家网信办依法对滴滴全球股份有限公司涉嫌违法行为进行立案调查。

经调查，某网约车平台违法违规行为如下：（1）违法收集用户手机相册中截图信息1196.39万条；（2）过度收集用户剪切板信息、应用列表信息83.23亿条；（3）过度收集乘客人脸识别信息1.07亿条、年龄段信息5350.92万条、职业信息1633.56万条、亲情关系信息138.29万条、家和公司打车地址信息1.53亿条；（4）过度收集乘客评价代驾服务时、APP后台运行时、手机连接记录仪设备时的精准位置（经纬度）信息1.67亿条；（5）过度收集司机学历信息14.29万条，以明文形式存储司机身份证号信息5780.26万条；（6）在未明确告知乘客情况下分析乘客出行意图信息539.76亿条、常驻城市信息15.38亿条、异地商务或旅游信息3.04亿条；（7）在乘客使用顺风车服务时频繁索取无关的电话权限；（8）未准确、清晰说明用户设备信息等19项个人信息处理目的。

此外，网络安全审查还发现，某网约车平台存在严重影响国家安全的数据处理活动，以及拒不履行监管部门的明确要求，阳奉阴违、恶意逃避监管等其他违法违规问题。同时，该网约车平台违反了《国家安全法》《网络安全法》，在运营过程中高精度测绘、拥有了我国海量地理数据。该网约车平台的独立董事恰巧毕业于美国西点军校，且担任过美国陆军情报官员，其低调赴美，在短短几周内通过了美国证监会，历经登记、聆讯、挂牌、定价等一系列流程后成功上市。某网约车平台违法违规运营，给国家关键信息基础设施安全和数据安全带来严重安全风险隐患。

经查实，某网约车平台全球股份有限公司违反《网络安全法》《数据安全法》《个人信息保护法》的违法违规行为，事实清楚、证据确凿、情节严重、性质恶劣，国家网信办依据相关法律法规，对某网约车平台全球股份有限公司处人民币80.26亿元罚款，对该网约车平台全球股份有限公司董事长兼任CEO、总裁各处罚款人民币100万元。可以预见，对某网约车平台等系列海外上市互联网平台企业，开展网络安全审查以及对违法企业实施处罚，将对我国企业数据伦理治理与数据安全监管产生深远影响，进一步推进我国数据安全治理进程。

2. 案例研析

当前，数据作为一种新型生产要素，正深刻影响着经济社会发展。数据的流动关系到国家与人民的安全，数据使用频率及处理技术水平的提升会引发一系列数据安全风险。我国《数据安全法》规定的"数据安全"是指，通过采取必要措施，确保数据处于有效保护和合法利用的状态，以及具备保障持续安全状态的能力。数据安全是国家安全的重要方面，也是促进数字经济健康发展、提升国家治理能力的重要议题。数据安全保障能力是国家竞争力的直接体现。

根据我国《网络安全法》第 37 条规定，因业务需要，确需向境外提供数据的，应当按照国家网信部门会同国务院有关部门制定的办法进行安全评估；第 41 条规定，网络运营者不得收集与其提供的服务无关的个人信息，不得违反法律、行政法规的规定和双方的约定收集、使用个人信息。某网约车平台并非单纯的"国家-资本"关系偶发事件，其反映出新技术革命时代，资本要素与国家能力之间的紧张关系。

某网约车平台作为深耕数据处理以驱动业务增长的移动互联网企业，其核心竞争力在于对海量数据的精细化管理。某网约车平台数据的来源既包含乘客主动提供，也涵盖其在服务过程中无意间留下的信息。某网约车平台每日汇聚数十万级由司机与乘客共同贡献的路况反馈，其依托大数据、人工智能技术，实现了对生态地理区域进行更新与优化。该平台的数据资产不仅限于基础的出行记录与使用行为分析，更延伸至通过深度数据挖掘，洞察并预测国家宏观政策走向及重大发展举措的影响，这些数据作为底层支撑，对国家基础设施建设规划及整体发展战略具有重要价值。该平台作为数据密集型企业的代表，其技术架构中存在潜在的安全漏洞，包括数据的泄露、篡改及失真风险。若平台未能妥善保护用户隐私、精确的地图资料乃至涉及国家统计层面的敏感数据，一旦被非法泄露至境外，将直接危及国家数据主权与核心机密安全。此外，该网约车平台通过先进技术对收集的数据，通过乘客下单、司机接单形成交易数据，对数据进行深入挖掘与分析，获取乘客大量偏好信息、价格信息。这些数据不仅暗含影响交易促成的各种因素，更重要的是，长期轨迹数据的收集融合算法、规则、数据的智能化系统带来了价格歧视，隐藏着巨大的数据安全风险。该平台被曝涉嫌采取非法手段，未经用户明确授权，擅自收集并处理包括用户剪切板内容、相册截图在内的信息，严重侵犯公民个人隐私权和触及国家与社会安全的敏感领域。

当前，数据泄露事件的频发态势呈指数增长，其伴随的危害日趋加剧。

第一，数据贩卖严重侵害个人隐私。当数据接收方未能有效实施充分的隐私保护措施，或不当利用所获取的个人数据时，个人隐私权便面临被侵犯的风险。随着大数据与人工智能的飞速发展，隐藏于海量数据背后的饮食偏好、日常习惯、健康状态及职业倾向等个体行为被深度解析，使得个人的隐私、社会结构、民众生活等信息已再无隐私可言。根据美国相关法律规定，该网约车平台赴美上市必须提交审计底稿、地图、客户信息等敏感数据。这意味着美国可以通过这种方式，获取到我国赴美上市公司的核心数据，进一步增加了我国上市公司数据泄露的风险。

第二，数据跨境流动使高价值特殊敏感数据泄露风险加剧。在大国博弈持续加剧的今天，数据作为国家重要的生产要素和战略资源，其日益频繁的跨境流动带来了国家安全隐患，强烈影响着国家、社会和个人利益。一是流转到境外的情报数据更易被外国政府获取；二是我国战略动作易被预测，陷入政策被动；三是我国以数据为驱动的新兴技术领域竞争优势将被削弱。一些不法分子和组织运用数据分析，推测出公务人员的出行习惯及国家重要军事设施、党政机关、科研单位的地理位置，并据此精准策划与实施情报收集活动，通过分析研判，挖掘可用性信息，威胁我国国家安全。

第三，数据主权遭受严重侵犯。在探讨国家安全审查的深层次动因时，数据伦理在互联网平台企业中扮演基础性诱因，而数据主权问题则是触发此类审查的关键因素。数据主权指国家在其政权管辖地域范围内对个人、企业和政府所产生、流通、利用、管理等各个环节的数据享有至高无上的、排他性的权力。未来，掌握海量数据资源开发、流通和传播的控制权与支配权，即意味着数据主权的拥有。因此，信息技术较为先进的国家将自然而然地占据优势地位，获取更多权力；反之，技术相对滞后的国家则将面临权力流失的风险。以该网约车平台在美上市为例，需遵循美国《外国公司问责法案》要求，提交审计底稿、地图、客户信息等敏感数据，此类数据是国家数据主权的重要组成部分，关乎国家数据主权的完整。

第四，国际数据规则制定话语权与我国互联网应用领先地位严重不匹配。鉴于全球数字产业发展的不均衡性，数据流动由发展中国家不断向发达国家汇聚。此种流动模式强化了以美国为代表的发达国家互联网企业因先发优势而自然获得的数据本地化存储优势及全球数据管理权，进而赋予其在国际数据规则制定中的主导权、话语权以及规则解释权。数据泄露将不仅限于隐私侵犯，更可能催化数据霸权形成，成为单边主义策略的新工具，从而加剧全球经济不平衡，深化发展中国家对发达国家在经济领域的依赖关系，对全球经济健康稳定发展构成潜在威胁。

维护数据安全，国家需要加强对企业数据安全的监管，形成一套体系化、规范化的制度框架体系。某网约车平台赴美上市事件，不仅映射出部分企业在商业利益驱动下，对国家数据安全的轻视态度，也凸显出对企业数据安全审查机制方面存在瑕疵。鉴于此，我国近年来致力于数据安全管理体系的强化，相继颁布了《网络安全法》《数据安全法》《网络安全审查办法》《网络数据安全管理条例》等法律法规，为企业数据安全构筑起坚实的法律基石。为巩固这一成果，在中央网络安全和信息化委员会领导下，由国家网信办携发改委、工信部、公安部、财政部、中国人民银行等共计12个关键部门建立国家网络安全审查协同工作机制，旨在通过跨部门协作，实现对数据安全风险的全面评估与有效防控。

一是中国企业在海外上市前，需构建必要前置审批程序。当前，部分企业选择"小红筹"模式进行海外上市，此模式在于通过自然人控股及构建个人境外投资架构的红筹结构，广泛被境内民营企业所采用。鉴于上市主体注册于海外，现有监管体系中，中国证监会没有职权行使审批权，亦缺乏相应的境内前置审批机制。这使得一些网约车平台能够规避作为掌握国家核心数据的关键信息基础设施所应承担的严格审查。为增强对海外上市中国企业的监管效能，构建科学合理的监管体系，通过前置审批，监管机构能够提前介入，评估企业行为的合规性，及时发现并纠正潜在的违法违规行为，进而维护市场秩序，保护投资者利益，确保国家安全与数据主权不受侵害。

二是中国企业在海外上市后，确立合理的境内长臂管辖规则。我国《数据安全法》中明确赋予了对数据领域的长臂管辖权。2021年7月6日，中共中央办公厅、国务院办公厅联合发布《关于依法从严打击证券违法活动的意见》，强调"明确境内行业主管和监管部门职责，加强跨部门监管协同"，"建立健全资本市场法律域外适用制度。抓紧制定证券法有关域外适用条款的司法解释和配套规则，细化法律域外适用具体条件，明确执法程序、证据效力等事项"。在此过程中，应构建既符合国家规则又彰显自身特色的法律框架，要注重国内外监管的有机衔接与相互支撑，使之形成内外联动的监管合力；以更加积极主动的姿态，参与全球规则制定，掌握并提升自身话语权与影响力，为全球数据治理贡献中国智慧与中国方案。

三是制订完善海外上市企业数据流动跨境监管合作机制。跨境数据流动涉及众多部门、贯穿多个环节，其监管协调工作在国家间或国家与地区间的层面尤为艰巨。尽管我国在跨境证券监管合作领域已探索了多种协作模式，但有效的协作机制仍显单一，难以满足日益增长的监管需求。自美国《外国公司问责法案》实施以来，审计底稿等敏感数据跨境监管问题成为中美双方争议之焦点。我国持续倡导通过加强中美跨境监管合作来寻求解决方案，但效果甚微。在此背景下，制订完善海外上市企业数据流动的跨境监管合作机制，成为缓解数据跨境流动困境、保障数据安全与合规的关键举措。《关于依法从严打击证券违法活动的意见》也强调进一步加强跨境监管执法司法协作，要求"完善数据安全、跨境数据流动、涉密信息管理等相关法律法规"；"压实境外上市公司信息安全主体责任"；"加强跨境信息提供机制与流程的规范管理"；"进一步深化跨境审计监管合作"；"探索加强国际证券执法协作的有效路径和方式，积极参与国际金融治理，推动建立打击跨境证券违法犯罪行为的执法联盟"。

二、个人利用暗网侵犯公民信息案

1. 案例概况[1]

2021年3月，无锡锡山网安大队在网上巡查时发现，一名暗网卖家在暗网平台上，为他人查询某大型社交网络平台账号关联的手机号码、个人信息等数据，并将查询信息以每条100美元的价格出售。后经追踪侦查，民警发现贵州遵义一家网络公司与此有关。该网络公司的法定代表人何某掌握一定的黑客技术，组建了一个将泄露的用户数据进行整合分析后集中归档的"社工库"。他通过搭建具备查询功能的"社工库"，将该数据库接口接入其公司开发的自用软件系统内，从而在暗网平台上为他人提供非法查询公民个人信息服务，并以此获利。他的信息来源一部分是自己购买，还有一部

---

[1] 案例来源：《无锡警方破获国内数据量最大的侵犯公民信息案件》，载无锡市人民政府网站，http://www.wuxi.gov.cn/doc/2021/10/15/3456940.shtml，2021-10-15；《54亿多条数据！江苏警方破获特大侵犯公民信息案》，载网易，https://www.163.com/dy/article/GN5FS7R60519814N.html，2021-10-25。

分通过工作便利获取。比如，何某曾为贵州某医院搭建挂号 APP，他就通过数据直接导出功能，获取医院的就诊信息；在给某机场搭建系统时，也导出一些航班信息等。

经过 7 个月的缜密侦查，2021 年 10 月，无锡警方成功破获该起侵犯公民个人信息案件，抓获涉嫌侵犯公民个人信息、非法获取计算机信息系统数据的何某、熊某等人。现场查扣涉案服务器 6 台、电脑 2 台，以及非法获取的各类公民个人信息 54 亿余条。

2. 案例研析

数据产业链是一个极端暴利的行业：54 亿余条公民隐私数据进入黑市，将会永远留存下来，等待被产业链上其他从业者循环利用变现，直至榨干最后的剩余价值。除巨额暴利外，大量案例表明，侵犯公民个人信息犯罪的最大危害不仅是侵犯公民隐私权，它还为下游犯罪提供了实现可能。例如该案中，何某从医院获取的信息可以卖给推销医疗产品的人，实现精准营销。

公民个人信息数据易遭泄露的主要原因在于：一是信息收益巨大。勒索软件的威胁在过去 10 年中显著增长，在未来几年将继续呈现上升趋势，原因就在于这是一个暴利行业。本案中，查询每条公民信息的费用高达 100 美元，而在其他案件中发现，即便是不够精准的"打包"资料，也高达上千元人民币。这就导致在暴利驱动下，不法分子铤而走险实施犯罪。要改变犯罪行为的成本收益结构，非国家政府和技术创新不能做到。二是企业安防代价过大。企业如何保护好流经的客户数据，是一个难题。依靠数据生存的企业，哪怕没有为了利益出卖数据，当面临攻击、被剥夺自身管控的数据信息时，作为受害者的企业在付出相应代价的同时，还要对案件负责，这样就会限制大企业的发展，更会扼杀小型企业的生存空间。另外，如果专门组建安全小组应对网络攻击，对于中小企业而言，成本又过于高昂，实施难度很大。三是深度伪造技术可能被扩大应用。深度伪造技术是指，利用深度学习技术来制作音频和视听内容，呈现人们从未说过的话和做过的事情，或者创出从未存在过的人。随着生成式人工智能的指数型发展，深度伪造技术变得越来越复杂，这一技术可能被网络罪犯和欺诈者扩大利用范围，通过视频或音频准确模仿一个人的面孔或声音，或两者兼而有之，以此来欺骗受害者或进行社会工程攻击。

实际上，数据安全与网络安全密切相关，是国家主权、国家安全的重要组成部分。数据作为一种新型生产要素，对传统生产方式变革具有重大影响。习近平总书记要求："要切实保障国家数据安全。要加强关键信息基础设施安全保护，强化国家关键数据资源保护能力，增强数据安全预警和溯源能力。"[1] 为此，可以从以下几方面着手。

一是加强公民法治教育。在信息时代，公民个人很难通过自身努力完全防止数据泄露，但加强公民的数据安全教育则可以起到对市场环境的监督作用。一旦公民个人

---

[1] 《习近平在中共中央政治局第二次集体学习时强调审时度势精心谋划超前布局力争主动实施国家大数据战略加快建设数字中国》，载《人民日报》2017 年 12 月 10 日，第 1 版。

发现自身隐私信息遭到泄露，可及时收集证据，为警方侦查提供方向。

二是构建行业自律主导的数据安全生态监管体系。大数据时代背景下，对个人信息数据利用的无序现状，行业内部需形成自律机制，通过隐私声明与隐私风险评估深度结合，促进个人信息保护目标的实现。在此过程中，政府应发挥引导作用，规范行业内个人信息处理行为的标准化，协助建立自律机制，力求在信息产业发展与维护个人隐私利益之间寻找平衡点。

三是需要国家监管介入数据安全领域。鉴于当前行业自律尚不健全的现状，政府必须在个人数据收集、使用等关键环节实施严格监管，通过事前审批与备案、事中监督及事后追责的全方位管理体系，确保个人数据信息的合法合规使用。同时，还需平衡信息业者的合理自由与国家在维护国家安全和社会管理上的必要权限。

四是需加快人工智能创新与突破。在企业加强管理、努力构建安全团队的前提下，面对恶意黑客攻击、窃取公民数据或威胁国家重大科技保密项目等恶性事件，国家需要加快人工智能算法和算力的优化，给数据保护提供良好环境。

第二节　政策、制度（摘录）及拓展研析资料

一、数据安全领域风险治理政策话语表达（摘录）

1. 2017 年，习近平在中央政治局第二次集体学习时强调："要切实保障国家数据安全。要加强关键信息基础设施安全保护，强化国家关键数据资源保护能力，增强数据安全预警和溯源能力。要加强政策、监管、法律的统筹协调，加快法规制度建设。要制定数据资源确权、开放、流通、交易相关制度，完善数据产权保护制度。要加大对技术专利、数字版权、数字内容产品及个人隐私等的保护力度，维护广大人民群众利益、社会稳定、国家安全。要加强国际数据治理政策储备和治理规则研究，提出中国方案。"

2. 2018 年，中央全面深化改革领导小组第二次会议强调："加强和规范科学数据管理，要适应大数据发展形势，积极推进科学数据资源开发利用和开放共享，加强重要数据基础设施安全保护，依法确定数据安全等级和开放条件，建立数据共享和对外交流的安全审查机制，为政府决策、公共安全、国防建设、科学研究提供有力支撑。"

3. 2021 年，中央财经委员会第九次会议指出："要健全完善规则制度，加快健全平台经济法律法规，及时弥补规则空白和漏洞，加强数据产权制度建设，强化平台企业数据安全责任。"

4. 2022 年，习近平主持召开中央全面深化改革委员会第二十六次会议强调："数据基础制度建设事关国家发展和安全大局，要维护国家数据安全，保护个人信息和商业秘密，促进数据高效流通使用、赋能实体经济，统筹推进数据产权、流通交易、收益分配、安全治理，加快构建数据基础制度体系。"

二、数据安全领域风险治理制度表达（摘录）

1. 《数据安全法》第 4 条："维护数据安全，应当坚持总体国家安全观，建立健全数据安全治理体系，提高数据安全保障能力。"

2. 《数据安全法》第 21 条："国家建立数据分类分级保护制度，根据数据在经济社会发展中的重要程度，以及一旦遭到篡改、破坏、泄露或者非法获取、非法利用，对国家安全、公共利益或者个人、组织合法权益造成的危害程度，对数据实行分类分级保护。国家数据安全工作协调机制统筹协调有关部门制定重要数据目录，加强对重要数据的保护。关系国家安全、国民经济命脉、重要民生、重大公共利益等数据属于国家核心数据，实行更加严格的管理制度。各地区、各部门应当按照数据分类分级保护制度，确定本地区、本部门以及相关行业、领域的重要数据具体目录，对列入目录的数据进行重点保护。"

3. 《数据安全法》第 24 条："国家建立数据安全审查制度，对影响或者可能影响国家安全的数据处理活动进行国家安全审查。依法作出的安全审查决定为最终决定。"

4. 《个人信息保护法》第 10 条："任何组织、个人不得非法收集、使用、加工、传输他人个人信息，不得非法买卖、提供或者公开他人个人信息；不得从事危害国家安全、公共利益的个人信息处理活动。"

5. 《个人信息保护法》第 11 条："国家建立健全个人信息保护制度，预防和惩治侵害个人信息权益的行为，加强个人信息保护宣传教育，推动形成政府、企业、相关社会组织、公众共同参与个人信息保护的良好环境。"

6. 《个人信息保护法》第 23 条："个人信息处理者向其他个人信息处理者提供其处理的个人信息的，应当向个人告知接收方的名称或者姓名、联系方式、处理目的、处理方式和个人信息的种类，并取得个人的单独同意。接收方应当在上述处理目的、处理方式和个人信息的种类等范围内处理个人信息。接收方变更原先的处理目的、处理方式的，应当依照本法规定重新取得个人同意。"

7. 《网络数据安全管理条例》第 37 条："网络数据处理者在中华人民共和国境内运营中收集和产生的重要数据确需向境外提供的，应当通过国家网信部门组织的数据出境安全评估。网络数据处理者按照国家有关规定识别、申报重要数据，但未被相关地区、部门告知或者公开发布为重要数据的，不需要将其作为重要数据申报数据出境安全评估。"

三、数据安全领域风险治理拓展研析资料

1. 赵舒捷：《智能网联汽车数据安全的风险、冲突与规制：基于总体国家安全观的规范建构》，载《数字法治》2023 年第 4 期。（认识特定领域的数据安全）

2. 沈传年：《跨境数据流动治理进展研究》，载《信息安全研究》2023 年第 7 期。（关注跨境数据流动中的安全问题）

3. 郝艳丽：《大数据时代政府数据安全治理：文献综述与研究展望》，载《网络安全技术与应用》2023 年第 8 期。（关注数据安全治理研究）

4. 张杨军、杨萍：《金融数据安全：应对新兴技术挑战的策略与实践》，载《网络安全与数据治理》2023 年第 9 期。（认识特定领域的数据安全）

5. 左晓栋：《当前我国数据安全工作面临的形势与任务》，载《国家治理》2023 年第 10 期。（把握我国数据安全面临的形势）

6. 程海烨、王健：《美国升级跨境数据安全规制新动向》，载《现代国际关系》2024 年第 12 期。（关注美国的跨境数据安全规制）

7. 李怀胜：《从静态防御到动态安全：数据安全法律保护的范式变革》，载《法治研究》2025 年第 1 期。（关注数据安全的法律保护）

第九章　产业链供应链安全领域风险治理

【本章提要】 基于分工合作形成的产业链供应链是现代经济的基本特征，产业链供应链安全是构建新发展格局的基础。党的二十大报告在第十一部分"推进国家安全体系和能力现代化，坚决维护国家安全和社会稳定"中强调，加强重点领域安全能力建设，确保重要产业链供应链安全。本部分所选案例反映了美国利用科技霸权滥施"卡脖子"，对我国产业链供应链安全稳定造成严重威胁。

第一节　典型案例研究

华为鸿蒙系统产业链供应链

1. 案例概况[1]

作为全球首个定位于物联网时代的全场景国产自研操作系统，鸿蒙自 2019 年华为第一届开发者大会面市后至今，其发展进程或将左右国内软件行业的未来，每一届大会的召开都牵动着资本市场的神经。

2019 年，首届华为开发者大会上，华为正式发布了 HarmonyOS 系统，开始致力于破除终端设备间的壁垒。

2020 年，华为第二届开发者大会上，HarmonyOS 2 亮相，华为面向智能硬件生态伙伴发布全新品牌鸿蒙智联，开始支持手机等多种终端设备，实现了不同终端设备之间的快速连接、能力互助等。

2021 年，华为第三届开发者大会上，HarmonyOS 3 开发者预览版正式发布，多设备间可组合形成超级终端，万物智联的未来形态初步展现。

在 2022 年 11 月召开的华为开发者大会上，华为首次提出围绕五大场景及创新技术的"鸿蒙世界"概念。华为将通过 8 大领先技术如分布式技术、AI、原子化服务、图形渲染等构建鸿蒙底座，以 30000+API 作为"砖块"，全链路自研开发套件作为鸿蒙工具，携手开发者共建鸿蒙世界。

---

[1]　案例来源：《华为鸿蒙手机倒计时：3 亿搭载是"生死线"》，载上游新闻网，https://www.cqcb.com/wealth/2021-05-27/4169799_ pc. html，2021-05-27；朱姝珊：《华为公司的研发投入及效果研究——基于供应链重塑视角》，广西财经学院 2022 年硕士学位论文。

截至 2023 年 4 月 26 日，HarmonyOS 官微公布了 HarmonyOS 3 最新升级进展：即日起，HUAWEI P20 等 13 款设备启动正式版升级。截至目前，共有 101 款设备进入正式版升级阶段，39 款设备也已进入公测阶段，HarmonyOS 已成为史上发展最快，也是覆盖升级机型最多的操作系统之一。

从一定程度上来说，鸿蒙生态已经初具规模，鸿蒙系统已然成为全球第三大操作系统，打破了苹果 iOS 系统、谷歌安卓系统的市场垄断格局，与两者形成了三足鼎立之势，鸿蒙也将继续推动中国科技行业的发展。

2. 案例研析

产业链是各产业部门间基于一定的技术经济联系，并依据特定的逻辑关系和时空布局关系，客观形成的链条式关联关系形态，其涵盖原材料采集、加工，到技术研发、生产制造，再到产品流通、消费服务等各环节，是一个完整的价值创造和实现过程。产业链的形成与发展，有助于优化资源配置，提高生产效率，促进技术创新，增强产业竞争力。供应链是围绕核心企业，从配套零件开始，制成中间产品以及最终产品，最后经由销售网络把产品送到消费者手中，将供应商、制造商、分销商直到最终用户连成一个整体的功能网链结构。产业链与供应链作为工业经济的命脉，其稳固与安全不仅为经济体系内部循环顺畅的关键，更是抵御外部风险、保障国家经济安全的有机组成部分。

产业链安全是指某一产业群或行业所包含的上下游企业关联网络的整体稳定有序运行。产业链安全与供应链安全有诸多共通之处，但在分析视角和侧重点上有所不同，产业链安全聚焦于产业层面的投入与产出效率，强调防范产业链中任一环节的潜在断裂风险；供应链安全则是关注如何避免因外部因素（如原材料供应中断）导致的单一企业生产流程受阻问题。综合来看，二者是一国或地区在产业生态中关键环节的自主掌握与保障能力之体现，是国家经济安全的重要保障。

华为鸿蒙系统对我国产业链与供应链的重要性在于推动国产软件生态构建与自主可控技术发展的战略之中。2020 年至 2021 年间，华为将鸿蒙操作系统的基础能力捐赠于工业和信息化部指导下的"开放原子开源基金会"，此举标志着 Open Harmony 开源项目正式启航。Open Harmony 作为鸿蒙系统的开源版本，相较于 Android 等系统有更高的安全等级，对于保障国家信息安全具有重要意义。Open Harmony 不仅是一个操作系统，更是一种生态体系的象征，其开源特性促进了芯片、终端、应用等多个产业链环节的深度融合与协同发展，为地方和国家数字经济发展注入强劲动力。华为的目的在于通过开源合作方式，加速形成自主可控的软件技术，确保软件生态的根基牢固建立在本土之上。

随着"主流芯片代码进主干计划"的推进，鸿蒙生态的底层支撑愈发坚实。在多方共同努力下，鸿蒙生态已步入快速发展轨道，多家 A 股上市公司基于开源鸿蒙发布了多个行业的定制化版本，不仅彰显了鸿蒙生态的实力，也预示着未来的广阔前景。在这一过程中，鸿蒙系统不仅推动了我国操作系统从模仿到独立创新的跨越式发展，更在产业链核心企业与地方政府联合推动下，孕育出新的产业高地，为我国数字经济高质量发展注入了新的活力。

为确保产业链供应链韧性与安全，要提升产业链供应链的现代化水平，构建一套既自主可控又安全高效，且在全球市场中具备强大竞争力的现代化产业体系，以加快推进新发展格局形成，牢牢把握发展主动权。基础研究作为科技创新的源泉，对于构建新发展格局、建设现代化产业体系以及实现中国式现代化的宏伟目标具有不可估量的价值。因此，要有效提升产业链供应链的现代化水平与安全韧性，为构建新发展格局、实现中国式现代化奠定坚实基础。

首先，加大基础研究领域的研发投入。尽管近年来我国研发投入总量显著增长，但基础研究经费占比仍相对较低，与发达国家约15%的水平相比存在较大差距。其次，优化高精尖技术人才培养机制。高精尖技术人才作为推动技术创新和工艺升级的核心力量，其数量与质量的提升事关产业链供应链的整体效能。当前，我国企业中高精尖技术人才的比例尚显不足，需通过改革培养、加大培养力度等方式，促进人才队伍的壮大与素质提升。最后，将科研成果深度融合到科技和经济发展中。健全科研成果转化机制，鼓励科研机构与企业加强合作，推动科研成果迅速转化为现实生产力。

第二节　政策、制度（摘录）及拓展研析资料

一、产业链供应链安全领域风险治理政策话语表达（摘录）

1. 2020年4月，习近平在中央财经委员会第七次会议上指出："在国际经贸谈判中，要推动形成维护全球产业链供应链安全、消除非经济因素干扰的国际共识和准则，力争通过国际合作阻止打击全球产业链、供应链的恶劣行为。"

2. 2020年10月，习近平在中央政治局第二十四次集体学习时强调："我们必须坚定不移走自主创新道路，坚定信心、埋头苦干，突破关键核心技术，努力在关键领域实现自主可控，保障产业链供应链安全，增强我国科技应对国际风险挑战的能力。"

3. 2020年12月，中央经济工作会议指出："产业链供应链安全稳定是构建新发展格局的基础。要统筹推进补齐短板和锻造长板，针对产业薄弱环节，实施好关键核心技术攻关工程，尽快解决一批'卡脖子'问题，在产业优势领域精耕细作，搞出更多独门绝技。"

4. 2022年9月，习近平向产业链供应链韧性与稳定国际论坛致贺信指出："维护全球产业链供应链韧性和稳定是推动世界经济发展的重要保障，符合世界各国人民共同利益。中国坚定不移维护产业链供应链的公共产品属性，保障本国产业链供应链安全稳定，以实际行动深化产业链供应链国际合作，让发展成果更好惠及各国人民。"

5. 2022年10月，党的二十大报告指出："我们要坚持以推动高质量发展为主题，把实施扩大内需战略同深化供给侧结构性改革有机结合起来，增强国内大循环内生动力和可靠性，提升国际循环质量和水平，加快建设现代化经济体系，着力提高全要素生产率，着力提升产业链供应链韧性和安全水平。"

二、产业链供应链安全领域风险治理制度表达（摘录）

1.《国家安全法》第 19 条："国家维护国家基本经济制度和社会主义市场经济秩序，健全预防和化解经济安全风险的制度机制，保障关系国民经济命脉的重要行业和关键领域、重点产业、重大基础设施和重大建设项目以及其他重大经济利益安全。"

2.《反外国制裁法》第 3 条："中华人民共和国反对霸权主义和强权政治，反对任何国家以任何借口、任何方式干涉中国内政。外国国家违反国际法和国际关系基本准则，以各种借口或者依据其本国法律对我国进行遏制、打压，对我国公民、组织采取歧视性限制措施，干涉我国内政的，我国有权采取相应反制措施。"

3.《反外国制裁法》第 4 条："国务院有关部门可以决定将直接或者间接参与制定、决定、实施本法第三条规定的歧视性限制措施的个人、组织列入反制清单。"

4.《反外国制裁法》第 12 条："任何组织和个人均不得执行或者协助执行外国国家对我国公民、组织采取的歧视性限制措施。组织和个人违反前款规定，侵害我国公民、组织合法权益的，我国公民、组织可以依法向人民法院提起诉讼，要求其停止侵害、赔偿损失。"

5.《对外关系法》第 26 条："中华人民共和国坚持推进高水平对外开放，发展对外贸易，积极促进和依法保护外商投资，鼓励开展对外投资等对外经济合作，推动共建'一带一路'高质量发展，维护多边贸易体制，反对单边主义和保护主义，推动建设开放型世界经济。"

三、产业链供应链安全领域风险治理拓展研析资料

1. 李天健、赵学军：《新中国保障产业链供应链安全的探索》，载《管理世界》2022 年第 9 期。（认识我国保障产业链供应链安全的历程）

2. 朱敏：《为我国产业链供应链安全发展提供有力支撑》，载《旗帜》2022 年第 11 期。（把握维护产业链供应链安全政策要求）

3. 戴宾、杨茜：《重点产业链供应链安全风险特征识别与治理机制设计》，载《珞珈管理评论》2023 年第 1 期。（关注产业链供应链安全风险的识别与治理）

4. 张杰、逯艳：《提升产业链供应链韧性和安全的理论探究与实现路径》，载《中州学刊》2023 年第 7 期。（理解如何提升产业链供应链韧性和安全水平）

5. 师博、阮连杰：《人工智能时代下产业链供应链的重构、风险及应对》，载《改革》2024 年第 11 期。（关注人工智能时代的产业链供应链安全）

6. 姚为群：《优化产业链供应链国际合作布局》，载《中国对外贸易》2025 年第 3 期。（把握产业链供应链国际合作布局）

第十章 生态安全领域风险治理

【本章提要】 生态兴则文明兴，生态衰则文明衰。生态安全在国家安全体系中居于十分重要的基础地位，其是人类生存发展的基本条件，与政治、经济、国土、资源等安全也有密切的关联。随着人口增长和经济社会发展，生态安全面临自然生态空间受到挤压、土地沙化、退化及水土流失，水资源短缺、生物多样性挑战、气候变化可能造成重大影响等突出问题。本部分所选案例反映了当前我国生态安全面临的风险挑战。

第一节 典型案例研究

一、保护修复红树林

1. 案例概况[1]

红树林是在热带、亚热带海岸潮间带，由红树植物为主体的常绿乔木或灌木组成的湿地木本植物群落。它们处在陆地向海洋的过渡地带，是连接陆地和海洋的重要生态系统。红树林被誉为防风消浪的"海岸卫士"，是净化海水的"过滤器"，也是维持生物多样性的"鱼虾乐园""鸟类天堂"……历史上，由于围海造田、工程建设、外来物种入侵等各种因素，红树林一度遭遇面积锐减、生态退化等危机。

党的十八大以来，我国持续加强红树林保护和修复。2017年4月，习近平总书记考察广西北海金海湾红树林生态保护区时指出，保护珍稀植物是保护生态环境的重要内容，一定要尊重科学、落实责任，把红树林保护好。2021年10月，自然资源部、国家林业和草原局联合印发《红树林生态修复手册》，指导浙江、福建、广东、广西、海南等地科学有序推进红树林保护修复工作。2021年12月，我国首部专门针对湿地保护的法律——《湿法保护法》通过审议，并于2022年6月1日起施行。

我国红树林分布于海南、广东、广西、福建、浙江、台湾、香港和澳门等地。主要分布在北部湾海岸和海南东海岸，其中北部湾海岸包括广东湛江、广西沿海及海南

---

〔1〕 案例来源：《红树林生态系统的保护与修复》，载搜狐网，https://www.sohu.com/a/706271659_120992382，2023-07-26；《推动红树林保护进入高质量发展阶段——我国红树林保护修复成就综述》，载国家林业和草原局网站，http://www.forestry.gov.cn/c/www/zhzs/515117.jhtml，2023-08-01。

的西海岸。我国红树林自然分布的北界是福建省的福鼎市（隶属宁德市）。福鼎市是红树林天然分布的城市之一，多年来，福鼎市红树林保护修复项目成效显著，不仅红树林种植面积大幅增加，而且探索出人与自然和谐共生的新道路，在"退养还湿"保护修复红树林的前提下，充分发掘红树林的经济价值，把红树林变成了"金树林"。

2. 案例研析

生态安全是指一个国家生存和发展所需的生态环境处于较为完整、不受或少受破坏与威胁的状态，以及应对内外重大生态问题、保障持续安全状态、实现永续利用的能力。生态安全是国家安全的重点领域之一。生态安全的状况不仅可以反映一个国家和民族过去的文明成果，而且蕴含着国家未来可持续发展的重要内涵。

第一，生态安全关系经济安全。我国经济进入高质量发展阶段，安全发展越来越需要以生态环境为坚实支撑，因此要处理好经济发展与保护生态环境，即当前经济发展与保持生态长久安全的关系。要赋予当前经济发展工作以长远意义，把保持生态安全、建设生态文明的目标落实到各项经济建设实践中，让经济发展与保护生态环境两者有效衔接、良性互动，以此实现生态环境保护和经济发展"等量齐观"。

第二，生态安全关系粮食安全。生态环境是人类食物获取的根本来源，生态安全影响我国粮食主产区的粮食产量，一旦生态环境遭受破坏，我国主要粮食产区的生态平衡和协调就会失调，粮食主产区实现粮食安全这一主体功能的重要前提和保障就会被破坏，粮食安全必将受到影响。因此，必须解决生态功能退化、水土流失、生态环境资源和重金属污染等一系列生态问题，实现粮食主产区生态保护体系的一系列构建。

红树林处于陆地向海洋过渡的地带，是连接陆地和海洋的重要生态系统，素有"海岸卫士""防浪先锋"之称，具有净化水质、防风消浪、促淤护岸、固碳储碳和维持生物多样性等重要功能。20世纪，随着人口增长和经济社会发展，沿海地区开展围垦造田、围建盐田、围海养殖、填海造地等活动，造成我国红树林面积大幅萎缩，生态服务功能严重衰退。当前，红树林面临的威胁已由早期的毁林破坏，转变为因人为和自然因素共同作用导致的生态退化，海洋污染、全球气候变化、外来生物入侵、病虫害频发和岸线侵蚀等因素，对红树林的负面影响日益凸显，给我国红树林生态保护和修复带来极大挑战。

党的二十大报告强调，大自然是人类赖以生存发展的基本条件。尊重自然、顺应自然、保护自然是全面建设社会主义现代化国家的内在要求。必须牢固树立和践行绿水青山就是金山银山理念，站在人与自然和谐共生的高度谋划，推动湿地保护事业高质量发展。面对保护红树林等湿地的共同挑战，要科学把握新常态、主动适应新常态、全力服务新常态，全面提升湿地保护建设发展水平，为改善生态、改善民生作出新的更大贡献。在我国推进海洋生态文明建设与国土空间生态保护与修复的总体框架下，红树林生态系统保护与修复工作被至于重要的地位。近年来，我国沿海各地通过实施"蓝色海湾"整治行动、海岸带保护修复、沿海防护林建设、湿地保护修复等重大工程，不断加大红树林保护修复力度，取得积极进展。通过社会各界的广泛参与和不懈努力，我国扭转了红树林面积急剧减少的趋势，标志着我国海洋生态保护工作取得重大突破，彰显了我国在维护海洋生态健康与促进生物多样性方面的国际领先地位。

尽管如此，当前我国红树林生态修复工作仍存在不足之处。例如，把植被恢复作为单一目标，较少关注红树林生态系统的整体性修复，对退化红树林和濒危红树物种保护修复的重视程度不够；在植被修复过程中，对修复区域的选址、修复技术和方法的使用科学性不足，造成修复效果不理想等。为此，开展红树林生态修复可从以下角度出发。

一是坚持生态优先，自然修复。注重天然红树林和原生物种，尤其是濒危红树物种的保护和修复，优先开展退化红树林修复，充分利用红树林的自然再生能力，实现植被和生态系统自然恢复。

二是坚持因地制宜，科学修复。生态修复必要性充分，修复目标清晰，选址和修复技术方法科学合理。在植被修复的同时，要充分考虑其他生物群落和生态过程，实现生态系统的修复，重视红树林周边滩涂和浅水水域的保护和修复，保障红树林地理空间的完整性和连通性。

三是坚持统筹规划，稳步推进。修复项目应与区域发展和国土空间规划相吻合，避免因红树林生态修复破坏鸟类栖息地、海草床和盐沼等其他重要湿地，以及对泄洪通道等其他用途空间产生影响。

四是坚持公众参与，合理节约。考虑邻近社区民众的生计和受益，鼓励修复地周边区域公众积极配合和参与，同时在保证红树林植被恢复的前提下，应尽量采用成本经济的修复手段、技术和原材料，减少生境改造等造成的工程投入。

二、重庆缙云山山火

1. 案例概况[1]

2022 年 8 月 21 日 22 时 30 分，重庆市北碚区歇马街道虎头村凹儿坪突发山火，火势迅速蔓延，几度逼近缙云山国家森林公园。缙云山是重庆中心城区重要绿色天然屏障，被誉为"植物物种基因库"。面对缙云山山火多点突发、扑而复燃的局势，北碚区组织应急救援队伍 500 余人紧急扑救。至 8 月 22 日，区消防救援支队、民兵应急连、综合应急救援队等救援力量增至 1500 余人。截至 23 日下午，重庆市航空救援总队出动直升机 65 架次，喷水 325 桶、1000 余吨；出动挖掘机 21 台持续加宽防火隔离带，扑救北碚山火。25 日晚，云南省森林消防总队采取的"以火攻火"方式，在扑灭过程中

---

[1] 周凤阳：《决战缙云——写在重庆北碚缙云山山火战役大捷之际》，载中国民主促进会网站，https://www.mj.org.cn/mjyy/wxzp/202208/t20220831_254913.htm，2022-08-31；王丹丹：《2022 年 8 月重庆山火灾害应对工作分析及建议》，载《中国减灾》2023 年第 1 期。

起到了决定性作用，其主要原理是由人工点燃火头，与相向烧来的林火对接，在两股山火相遇短时瞬间，隔绝山火燃烧所需要的氧气和可燃物，导致山火熄灭。25 日 23 时，经各方救援力量奋力扑救，重庆市北碚区歇马街道山火明火已有效封控。8 月 26 日 8 时，北碚区与璧山区交界火场明火全部扑灭。

2. 案例研析

生态安全是国家安全的重要组成部分，是国家生存和发展的基本条件，是经济安全的基本保障，是国土安全的重要屏障，是资源安全的重要基础，也是绿色发展的必然要求。"8·21"重庆山火是我国维护生态安全稳定的重大事件，对缙云山生态环境造成了极大破坏。

一是林下植被资源被毁。森林在提供大量木材的同时，还富含野生植物资源，森林发生火灾，除高处树木直接受损外，附着在地表的植被也会受到损害。大火扑灭后，土壤结构发生改变，促使植物的生长环境发生相应改变，一些对生存环境敏感的植被，由于无法适应改变的土壤结构会很快死亡，造成林下植被数量明显降低。

二是水土严重流失。植被覆盖可以对土地下面的水源进行保护，地表植被被破坏后，严重的火灾可以使地面直接裸露在太阳光照下，土壤中水分会急速流失，使水源失去保护，引起水土流失现象，甚至爆发泥石流和山洪。

三是下游河流水质下降。一旦发生山火，地面土壤结构受到严重破坏，发生土壤流失现象，这些泥沙被雨水冲到下游河流，在下游河流蓄积起来，逐渐改变河流中的养分，进而导致水质明显下降。

四是空气质量下降。山火发生时会产生很多烟雾，其中 90% 以上为水蒸气和二氧化碳，还会产生碳化物、一氧化碳、氮氧化物等物质，其中的有害物质会对自然环境中的空气产生严重污染，这样的空气被人或其他动物吸入体内后，对身体健康产生危害。

重庆缙云山山火凸显生态安全对人民群众财产安全及自然环境保护的重大意义，须臾不可松懈，火灾造成的经济财产损失为森林防火问题敲响了警钟。做好生态安全保护工作应做到以下几点。

第一，增强社会生态保护意识，普及生态安全保护常识，引导民众从思想源头意识到生态破坏的危害，在从事经济生产或日常生活活动中，谨记保护生态环境，强化森林防火的同时强化"防救并重、以防为主"理念。

第二，加强生态危机监控力度，以森林火灾为例，火灾初且火势尚小的时段为扑灭火灾的黄金时期，若有关部门做到第一时间监测生态安全危机事件发生，可以有效降低灾难的危害。

第三，落实危机应对机制，要在生态安全脆弱或敏感地区建立长效危机应对机制，落实生态保护责任制度，加大日常巡查力度，明确灾难应急启动程序，保证生态安全危机事件发生时镇定、冷静、科学地应对。

第四，提高生态环境领域国家治理体系和治理能力现代化水平，当前，我国生态环境保护中存在的突出问题大多与体制不健全、制度不严格、法治不严密、执行不到位、惩处不得力等方面有关。对任何地方、任何时候、任何人，凡是需要追责的，必须一追到底，确保制度落地落实。

三、盗伐黄河流域林区树种案

1. 案例概况[1]

为进一步提升黄河流域生态保护和高质量发展的司法保障水平，最高人民法院于2021年11月26日发布了一批黄河流域生态环境司法保护典型案例，具有指导性意义。

2016年5月至2017年9月，被告人刘某、张某等15人在位于子午岭腹地的连家砭林区内实施盗伐柏树、盗挖柏树根牟利等犯罪行为。被告人刘某、王某先后盗伐66棵柏树，合计立木材积为9.7709立方米；被告人张某等8人先后盗挖柏树根40次，价值共计116.36万元；被告人袁某帮助转移他人盗窃的柏树根11次，价值共计32.04万元；被告人丁某、齐某先后购买他人盗挖的柏树根7次，价值共计20.04万元。甘肃省子午岭林区法院一审认为，被告人刘玄龙、张建君等15人的行为分别构成盗伐林木罪、盗窃罪、掩饰、隐瞒犯罪所得罪等，判处该15人有期徒刑6个月到8年及缓刑1年到3年6个月不等，并处罚金2000元到30000元不等。一审判决后，各被告人没有提起上诉。

2. 案例研析

保护生态环境、维护生态安全、建设生态文明对国家、社会和人民都具有十分重要的意义。生态问题不仅关系到人民群众日常生活和身体健康，更直接关系国家经济发展和长治久安。维护国家生态安全，不仅是国家的事，也是每一个普通民众应当放在心上的事。在当代，人与自然和平共处的话题不断升温，逐渐成为热点话题。习近平总书记指出："绿水青山就是金山银山，改善生态环境就是发展生产力"。[2] 在习近平新时代中国特色社会主义思想的带领下，人们对于生态保护的认识也日益深化。

上述案例系盗伐林木引发的严重破坏生物资源和水土资源的刑事案件。子午岭被誉为黄土高原上的天然物种"基因库"，子午岭林区是黄土高原中部最大的天然次生林区，是黄河流域重要水源涵养和水土保持林区。该区域的森林资源对于稳定黄河水质和水量，保持水土稳定和维护生物多样性都具有重要意义。盗伐林木是严重破坏林区生态资源的犯罪行为，对这一案件的审理和判决有力打击了破坏林区资源的犯罪行为，严厉惩治犯罪分子，增强了公众对林区生态环境重要性的认识，激发了公众保护林区

---

〔1〕 案例来源：《黄河流域生态环境司法保护典型案例》，载《人民法院报》2021年11月26日，第3版。

〔2〕《习近平出席二〇一九年中国北京世界园艺博览会开幕式并发表重要讲话》，载《人民日报》2019年4月29日，第1版。

生态环境资源的责任感。

为提高生态环境领域国家治理体系和治理能力现代化的水平，我国要下大力气抓住破坏生态环境的反面典型，释放出严加惩处的信号，对任何地方、任何时候、任何人，凡是要追责的，必须严惩到底。上述案例的被告人在子午岭林区腹地盗伐柏树、盗挖柏树根牟利，无疑会严重破坏林区生态平衡，也会对黄河治理产生一定影响。法院对被告人的审理和判决反映出现代法律体系对保护我国生态安全规定的完善和惩治危害生态环境的决心。

我国环境容量有限，生态系统脆弱，在保护和治理方面必须坚持系统观念，从生态系统整体性出发，更加注重综合治理、系统治理和源头治理。面对黄河治理问题，我们不可将其片面化，要从不同视角、不同方面去看待问题。治理黄河不仅仅意味着治理黄河自身的问题，也意味着要着眼长远，深入思考目前黄河问题的根源，以及应如何助力黄河自身的调节。一方面要努力减少人类对黄河生态环境的破坏；另一方面也应努力促使黄河的自我修复，提高其自身环境承载力。要努力治理黄河上中下游每一部分的不同问题，分类施策，同时也要寻找源头，关注初始时黄河有哪些问题需要注意。在这方面，要联系实际，长远规划。近年来，我国对黄河的治理更加全面。各地区都坚决查处保护区内的违法犯罪行为，对各类自然保护区条例明令禁止的活动坚决予以取缔，依法责令停止。对黄河生态安全的注重，反映出我们对中华民族未来的考虑，对世界未来发展的考虑。

总之，建设美丽中国不仅是国内生态文明建设的宏伟目标，也是对全球生态安全贡献中国智慧与中国方案的集中体现。我们应秉持人与自然和谐共生的理念，通过践行绿色发展道路、将"绿水青山就是金山银山"的理念，内化于心、外化于行，不断强化制度机制保障以及加强国际合作，积极引领全球生态治理，并推动人类命运共同体绿色篇章的构建。

第二节 政策、制度（摘录）及拓展研析资料

一、生态安全领域风险治理政策话语表达（摘录）

1. 2020 年，党的十九届五中全会指出："坚持绿水青山就是金山银山理念，坚持尊重自然、顺应自然、保护自然，坚持节约优先、保护优先、自然恢复为主，守住自然生态安全边界。"

2. 2021 年，中央全面深化改革委员会第二十次会议强调："要坚持保护优先，把生态环境保护作为区域发展的基本前提和刚性约束，坚持山水林田湖草沙冰系统治理，严守生态安全红线。"

3. 2022 年，党的二十大报告指出："大自然是人类赖以生存发展的基本条件。尊

重自然、顺应自然、保护自然，是全面建设社会主义现代化国家的内在要求。必须牢固树立和践行绿水青山就是金山银山的理念，站在人与自然和谐共生的高度谋划发展。"

4. 2023 年，习近平在全国生态环境保护大会上强调："要持续深入打好污染防治攻坚战，坚持精准治污、科学治污、依法治污，保持力度、延伸深度、拓展广度，深入推进蓝天、碧水、净土三大保卫战，持续改善生态环境质量。要加快推动发展方式绿色低碳转型，坚持把绿色低碳发展作为解决生态环境问题的治本之策，加快形成绿色生产方式和生活方式，厚植高质量发展的绿色底色。要着力提升生态系统多样性、稳定性、持续性，加大生态系统保护力度，切实加强生态保护修复监管，拓宽绿水青山转化金山银山的路径，为子孙后代留下山清水秀的生态空间。要积极稳妥推进碳达峰碳中和，坚持全国统筹、节约优先、双轮驱动、内外畅通、防范风险的原则，落实好碳达峰碳中和'1+N'政策体系，构建清洁低碳安全高效的能源体系，加快构建新型电力系统，提升国家油气安全保障能力。要守牢美丽中国建设安全底线，贯彻总体国家安全观，积极有效应对各种风险挑战，切实维护生态安全、核与辐射安全等，保障我们赖以生存发展的自然环境和条件不受威胁和破坏。"

二、生态安全领域风险治理制度表达（摘录）

1. 《国家安全法》第 30 条："国家完善生态环境保护制度体系，加大生态建设和环境保护力度，划定生态保护红线，强化生态风险的预警和防控，妥善处置突发环境事件，保障人民赖以生存发展的大气、水、土壤等自然环境和条件不受威胁和破坏，促进人与自然和谐发展。"

2. 《环境保护法》第 4 条："保护环境是国家的基本国策。国家采取有利于节约和循环利用资源、保护和改善环境、促进人与自然和谐的经济、技术政策和措施，使经济社会发展与环境保护相协调。"

3. 《海洋环境保护法》第 20 条："国务院和沿海地方各级人民政府应当采取有效措施，保护红树林、珊瑚礁、滨海湿地、海岛、海湾、入海河口、重要渔业水域等具有典型性、代表性的海洋生态系统，珍稀、濒危海洋生物的天然集中分布区，具有重要经济价值的海洋生物生存区域及有重大科学文化价值的海洋自然历史遗迹和自然景观。对具有重要经济、社会价值的已遭到破坏的海洋生态，应当进行整治和恢复。"

4. 《水土保持法》第 8 条："从事可能引起水土流失的生产建设活动的单位和个人，必须采取措施保护水土资源，并负责治理因生产建设活动造成的水土流失。"

5. 《大气污染防治法》第 2 条："防治大气污染，应当以改善大气环境质量为目标，坚持源头治理，规划先行，转变经济发展方式，优化产业结构和布局，调整能源结构。防治大气污染，应当加强对燃煤、工业、机动车船、扬尘、农业等大气污染的综合防治，推行区域大气污染联合防治，对颗粒物、二氧化硫、氮氧化物、挥发性有机物、氨等大气污染物和温室气体实施协同控制。"

6.《防沙治沙法》第 5 条："在国务院领导下，国务院林业草原行政主管部门负责组织、协调、指导全国防沙治沙工作。国务院林业草原、农业、水利、土地、生态环境等行政主管部门和气象主管机构，按照有关法律规定的职责和国务院确定的职责分工，各负其责，密切配合，共同做好防沙治沙工作。县级以上地方人民政府组织、领导所属有关部门，按照职责分工，各负其责，密切配合，共同做好本行政区域的防沙治沙工作。"

7.《长江保护法》第 3 条："长江流域经济社会发展，应当坚持生态优先、绿色发展，共抓大保护、不搞大开发；长江保护应当坚持统筹协调、科学规划、创新驱动、系统治理。"

8.《黄河保护法》第 29 条："国家加强黄河流域生态保护与修复，坚持山水林田湖草沙一体化保护与修复，实行自然恢复为主、自然恢复与人工修复相结合的系统治理。"

三、生态安全领域风险治理拓展研析资料

1. 谭荧、杨美勤：《论习近平生态安全观的深刻内涵》，载《社会主义研究》2021年第 5 期。（理解习近平生态安全观）

2. 洪名勇、娄磊：《生态安全的制度逻辑与制度优化》，载《中国行政管理》2022年第 12 期。（把握维护生态安全的制度机制）

3. 王乃亮、孙旭伟等：《生态安全的影响因素与基本特征研究进展》，载《绿色科技》2023 年第 2 期。（认识生态安全的影响因素）

4. 苟露峰、杨思维：《海洋生态安全预警管理的国际经验与启示》，载《中国国土资源经济》2023 年第 6 期。（关注海洋生态安全及治理）

5. 张璐、金宵羽：《中国式生态安全观的认识基础与法治保障》，载《南京社会科学》2024 年第 11 期。（关注生态安全观的法治保障问题）

6. 张振波、何思昆：《数智赋能国家生态安全的机制与路径研究》，载《南京工业大学学报（社会科学版）》2025 年第 1 期。（关注数智时代的生态安全维护）

第十一章　能源资源安全领域风险治理

【本章提要】任何国家的生存和发展都以消费能源资源为条件，能源资源是关乎经济社会发展的全局性、战略性问题。能源资源安全构成国家经济发展和人民美好生活的重要保障，也是其他领域安全的重要依托。我国是能源资源消费大国，也是能源资源进口大国。我国能源资源总量虽位居世界前列，但因人口众多，人均占有量却很低，能源资源安全形势严峻。本部分所选案例反映了火灾、停电、非法采矿、非法捕捞等对能源资源安全的影响。

第一节　典型案例研究

一、凉山州西昌市"3·30"森林火灾

1. 案例概况[1]

2020年3月30日，四川凉山彝族自治州西昌市经久乡和安哈镇交界的皮家山山脊处发生森林火灾，在救援过程中因火场风向突变、风力陡增，飞火断路、自救失效，致使参与火灾扑救的人员19人牺牲、3人受伤。

经查，凉山州西昌市"3·30"森林火灾起火直接原因为：110千伏马道变电站10千伏电台线85-1号电杆架设的1号导线预留引流线（长约1.9米），受特定风向风力作用与该电杆横担支撑架抱箍搭接，形成永久性接地放电故障（时长16分钟零3秒），造成线体铝质金属熔融、绝缘材料起火燃烧，在散落过程中引燃电杆基部地面的杂草、灌木，受风力作用蔓延成灾。受风向、气温、地形等综合因素影响，山火火势迅速向泸山景区方向蔓延，威胁马道街道办事处及西昌城区，大量浓烟顺风飘进西昌城区，全城被黄色烟雾笼罩，空气中弥漫着一股树木燃烧后的焦味，山火灰四处飘散。其间不乏石油液化气储备站、加油站、学校、百货仓库等重要公共设施。截至3月31日，火灾过火面积达1000公顷左右，毁坏面积80公顷左右，大量树木被烧焦，土地被大火夷为焦土，森林生态系统遭严重破坏。火灾性质定为一起受特定风力风向作用导致电

---

[1] 案例来源：《凉山州西昌市'3·30'森林火灾事件调查结果公布》，载《中国消防》2021年第1期；四川省应急管理厅：《一根预留引流线 搭接放电惹祸端——四川省凉山州西昌市"3·30"森林火灾事件分析》，载《吉林劳动保护》2021年第3期；《凉山州西昌市"3·30"森林火灾事件调查报告（节选）》，载《中国减灾》2021年第7期。

力故障引发的森林火灾。

经调查组报省政府批复同意，对西昌市马道供电所农网综合组马道片区组员兼 10 千伏电台线施工现场安全员 1 人涉嫌犯罪移送司法机关依法追究刑事责任；对凉山州安宁供电公司等 6 家企业依法给予行政处罚；对凉山州安宁供电公司马道供电所等相关企业 16 名责任人员给予纪律处分或组织处理，以及经济处罚。经省纪委监委审查调查并报省委同意，决定责成凉山州委州政府、西昌市委市政府等 12 个单位作出深刻检查，并认真整改；对州、市、镇及相关单位 25 名党员领导干部和公职人员依规依纪依法追责问责。

2. 案例研析

能源资源安全是一个国家或地区持续、经济、稳定、及时、充足地获取所需自然资源和能源的状态，以及保障这种状态的能力。从国家安全战略维度看，资源的架构包括水资源、能源储备、土地资源及矿产资源等关键要素，其三大核心支柱包括：确保资源供给的充足性，以满足国家发展的基本需求；维护资源供给的稳定性，防范外部或内部因素导致的资源中断风险；推动资源的可持续性，保障资源的可持续性和生态平衡。在此基础上，一方面要通过成本效益分析，以经济高效的方式获取资源，促进资源优化配置；另一方面要高度重视资源开发与生态环境之间的和谐共生，构建绿色、低碳的发展模式，确保资源利用与环境保护的双赢。

变电站是电力传输和供应链的重要组成部分，承担着将电能从发电厂输送到用户终端的任务，并起到控制、保护、安全、稳定的作用，是电力系统运行的重要基础建设。随着国家经济蓬勃发展，变电站的角色也不断演变和拓展，成为稳固经济运营体系的关键要素，对维持经济持续发展具有重要意义。变电站依据不同的类级划分，承担起跨区域电力传输的重要使命，确保电力资源的高效配置与均衡分配。变电站的主要作用是将输送到变电站的高压电能变成低压电能，以供工商业和居民用户所需的电力。它还能进行电力系统的控制和保护，管理流动的电力，提高能源利用效率和电力供应的可靠性，同时可进行远程信息传输、控制、检测和调度。变电站还可应用于配合新能源并网，连接分布式能源、能量储存等，是电力系统的关键设施。

变电站的重要性在于：一是可靠性保证，变电站对电力系统的运行和安全非常重要，可以对电力负载和电压等参数进行保护和控制，确保电能准确、稳定、安全输送，还能有效降低电能损失，保证电力系统的可靠性。二是提高能源利用率，变电站对输送到此的电能变成适宜输送和供应给用户的电能，以提高能源利用效率，达到经济效益最大化。三是促进经济发展，变电站向各级企业和用户终端提供电力需求，满足工商业和居民用户需求，同时减低输电线路和电网对土地和环境的占用和损害，促进地区经济发展。四是保障社会生活稳定运转，若变电站出现故障或短路，将直接影响社会用电需求，导致事故并对经济社会带来巨大损失。五是推进可持续发展，变电站可应用于配合新能源并网，连接分布式能源、能量储存等，不仅是衔接新能源和传统能源的重要设备，还是推进经济可持续发展的重要助力。

当前，变电站的运营倾向于无人值守模式，这对火灾事故的预防和应急响应机制提出了新的更高要求。西昌变电站火灾事件，揭示了现有体系在火灾防控领域的短板，反映出预警的滞后性以及应急响应效率的低下。由于电力公司及当地政府未尽到应有职责，未落实森林防火理念，缺乏管控，对森林火灾隐患排查不到位，火灾应急处理不到位，最终在特定情况下酿成大祸。因此，通过综合施策、源头防控，加强变电站火灾事故的预防与高效处置能力，是保障变电站安全稳定运行、有效防范火灾事故的关键路径。

在火灾预防环节，要优化消防设备设施的维护流程。通过定期巡视与细致检查，保证检查记录都详尽且准确，以确保消防设备的可用性与可靠性；通过强化技术监督，特别是在极端运行环境下（如高温、重载及恶劣天气条件），应灵活运用红外测温等高科技手段，对关键设备进行密集监测与精准诊断；通过严把设备准入门槛，全面把控交接试验流程，确保设备的安全标准与防火性能的达标；通过优化检修质量和设施验收机制，确保验收流程的科学性与消防设施的配置、布局和性能的可靠性，以保障电网运行的稳定。

在人防策略方面，构建全面的动火作业管理体系。通过对防控措施的严格执行与技术人员的资质审核，确保作业安全可控；通过加大防火检查力度，完善防火制度体系，鼓励全员参与防火体系监督；通过组织防火知识普及与技能培训，提升全体员工的防火意义与应急处理能力；通过明确禁止吸烟行为，严格限制易燃易爆品的进入；通过开展消防安全专项检查，对消防设施的效能和完备性进行深度评估，确保在特殊时期能够迅速响应、有效应对。

在技防手段方面，研发和部署先进的室外火灾探测与报警系统。通过集成红外感温元件，实施对设备火灾隐患的精准探测，确保火灾信息能够迅速、直观的传达至监控中心；通过采取线形感温电缆火灾探测器，对电缆沟、井（夹层）等关键区域的监控，及早发现并处理电缆火灾事故，避免火势蔓延；通过建立完善应急灭火预案，确保应急预案即时启动与高效执行，相关部门需迅速响应，准确评估火情，合理调整电力负荷，以最大限度保障人员安全与减少财产损失。

二、非法采矿破坏生态环境案

1. 案例概况[1]

案例（1）宁夏青铜峡某农业开发有限公司非法采矿案

2017 年以来，宁夏某农业开发有限公司超越采矿许可证规定范围，组织人员在青铜峡市峡口镇非法开采砂石 240 万余立方米，非法开采面积 1000 余亩，造成地形地貌明显改变，对地形地貌和生态环境造成严重破坏。2021 年 9 月，宁夏青铜峡公安机关侦破此案。

---

　　[1]　案例来源：《公安机关依法严厉打击非法采矿犯罪全力保护环境资源安全 公安部公布 10 起典型案例》，载公安部网站，https://www.mps.gov.cn/n2254098/n4904352/c8549041/content.html，2022-06-20。

案例（2）四川凉山金某等人非法采矿案

2019 年以来，犯罪嫌疑人金某等人在未取得相关许可批复及河道采砂许可证的情况下，合伙开办砂石厂，非法开采河沙 130 余万立方米，造成河道整体下切 3 米至 8 米，自然岸线结构遭到损毁，洗选砂石直排污水造成水质污染，侵占河岸农用地 15 亩堆放、加工砂石，造成地表凹陷、沙化，失去耕种条件。2021 年 6 月，四川凉山公安机关侦破此案，现场查获非法采砂作业设备 40 余台（件、套）。

案例（3）内蒙古巴彦淖尔某矿业开发有限公司非法采矿案

2019 年 6 至 12 月，巴彦淖尔某矿业开发有限公司在取得探矿许可证，但未取得采矿许可证的情况下，公司实际控制人余某伙同陈某在乌拉特中旗某矿区非法开采蛇纹玉矿石 5.6 万余吨，破坏草原 570 余亩，对当地生态环境造成重大影响。2021 年 12 月，内蒙古巴彦淖尔公安机关侦破此案。

案例（4）福建上杭陈某等人非法采矿案

2021 年 3 月以来，犯罪嫌疑人陈某等人在未办理采矿许可证的情况下，以原地浸矿方式非法开采稀土 10 余吨，造成地形地貌发生改变，对山体植被和稀土资源造成严重破坏。2021 年 4 月，福建上杭公安机关侦破此案。

2. 案例研析

非法采矿是指违反矿产资源保护法规定，未取得采矿许可证擅自采矿，擅自进入国家规划矿区、对国民经济具有重要价值的矿区和他人矿区范围采矿，擅自开采国家规定实行保护性开采的特定矿种，经责令停止开采后拒不停止开采，造成矿产资源破坏的行为。

矿产资源是经济社会发展的重要物质基础，矿产资源勘查开发事关国计民生和国家安全。从生态环境角度看，非法采矿活动往往导致地下水水位下降、植被破坏，以及原有地形地貌发生改变，加剧自然灾害发生，对周边村落的安全亦构成严重威胁；从生命安全角度看，非法采矿者为规避监管，常采取隐蔽且简易的作业手段，诸如利用铲车或人工挖掘，却忽视了基本的安全问题，最后导致人员伤亡等严重后果；从国家资源保护角度看，矿产资源作为国家财产，非法采矿将直接导致国有资产流失以及生态环境遭破坏。国家严令禁止任何形式的非法开采行为，是因为低廉成本的背后给生态环境造成的损害之严重、修复之艰巨。特别是矿山地质环境治理工作，不仅技术要求严苛，而且需要巨额资金支持。需强调的是，即便个体或组织已经获得了土地使用权，但地下矿产资源仍归国家所有，未经审批擅自开采，也是法律禁止的。

尽管国家明令禁止，但在巨大利益驱使下，仍有企业和个人铤而走险，对矿产资源进行非法开采。通过剖析相关案例，可发现非法采矿者主要瞄准砂石、煤炭等矿产资源，且作案手法极为多样和隐蔽。有的选择夜深人静时，有的假借承包耕地之名，还有的采取少量多次的策略以规避法律制裁。值得注意的是，盗采矿产资源的行为已不再是单打独斗，而是演变为有组织、有计划、有分工的团伙性犯罪，且组织者、实施者具有极强的反侦查能力，他们通过"开采-运输-销售"等完整产业链，给国家能源资源安全带来严重威胁。国家综合整治非法采矿主要目的在于：防止国家资产流失，维护国家利益；保障人民群众生命财产安全，防止山地滑坡和引发安全事故危及人民群众生命财产；维护社会稳定，避免斗殴、偷抢、寻衅滋事等违法犯罪发生；保护生态环境不受破坏，守护绿水青山，建设生态文明。为有效遏制非法采矿违法犯罪态势，防范化解能源资源安全风险，应以习近平法治思想、习近平生态文明思想为指导，持续打击矿产资源领域违法犯罪活动，确保对自然资源领域犯罪行为保持高压态势。

第一，强化矿产资源保护，严打非法采矿行为。针对矿产资源的富集区、禁采区、禁采期以及生态保护红线区、黄河干支流、黑土地保护区等敏感地带进行严密监控，对煤炭洗选、砂石加工、选矿剂等关键行业实施重点监管。在监管和打击工作中，依托大数据、无人机等现代科技信息化手段，构建起整体协同、高效联动的作战机制。此外，还应重点打击团伙性、系列性、跨地域的自然资源破坏犯罪行为，力求全面瓦解盗采矿产资源的犯罪网络。

第二，执法机关应紧抓大型企业违法采矿问题。2020年9月，第二轮第二批中央生态环境保护督察通报了某央企下属公司存在长期越界开采，严重破坏生态环境和矿产资源的问题，并将该线索通报至最高人民检察院。据媒体相关报道，该央企以矿山资源开发为主业，在中央生态环境保护督察组现场抽查的103座矿山中，有51座存在超量开采、越界开采、修复治理不到位等问题。执法机关包括海洋资源环境、海警等执法部门，应加强对大型企业开采活动的动态监督检查，避免大型开矿企业对矿产资源造成不可逆转的破坏。

第三，打击非法采矿行为既要抓末端、治已病，更要抓前端、治未病，要关注检察机关在诉讼程序中的履职问题，通过检察履职推动诉源治理。检察机关发出公益诉讼诉前检察建议后，少数执法机关虽按期回复，但实际上仅采取了部分整改措施。执法机关对开采之外的运输、销售、购买等共同违法行为调查力度不够，以致部分违法主体未被追究法律责任。检察机关在加大案件办理力度基础上，应全面分析办理的非法采矿公益诉讼案件，查找案发原因，提出对策建议，协同相关执法部门开展系统治理，促进源头预防。

三、非法捕捞损害国家资源案

1. 案例概况

案例（1）李某非法捕捞水产品破坏渔业资源案[1]

2023年4月10日晚，李某至七门堰村杭埠河水域，使用电捕鱼设备捕获泥鳅、黄

---

〔1〕 案例来源：《非法电捕鱼 16.4 公斤 被判拘役三个月缓刑六个月》，载百度百家号，https：//baijiahao.baidu.com/s? id=1774354192715876817&wfr=spider&for=pc，2023-08-16。

鳝若干。次日晚，李某再次至该水域，使用电捕鱼设备捕捞餐条鱼、鳜鱼、鸡腿鱼若干，后被公安机关抓获，经清点李某捕捞渔获物共计 16.4 公斤。另经相关部门检测，李某持有的捕鱼设备实际输出电压为 220~800 伏，超过国家额定标准。法院审理认为，被告人李某违反保护水产资源法律，在禁渔区、禁渔期使用禁用的工具捕捞水产品，情节严重，其行为已构成非法捕捞水产品罪，最终判决被告人李某触犯非法捕捞水产品罪，判处拘役 3 个月，缓刑 6 个月，没收全部作案工具。

案例（2）李某非法捕捞水产品损害国家湿地资源案[1]

2018 年以来，李某雇用 5 人在某生态区水域，即国家湿地公园内，使用电鱼的方式和名为"导陷插网陷阱"的禁用渔具实施捕捞作业。受雇用的 5 人非法捕鱼后，将渔获物交给李某，由李某支付其工资，再由李某将非法捕捞的水产品对外贩卖，李某贩卖共获利 7 万余元。2021 年 7 月，检察机关以公益诉讼起诉人的身份提起该例非法捕捞水产品刑事附带民事公益诉讼案。在案件审理过程中，相关认证技术公司对作案物品功率进行检测后，认为发电机合计功率共合计 206.327 千瓦。检察机关在提起的附带民事公益诉讼中，要求李某赔偿渔业资源损失修复费。

案例（3）曹某非法捕捞水产品破坏渔业资源案[2]

2022 年 5 月 14 日凌晨，曹某、李某驾船在西洞庭湖国家级自然保护区某水域内使用三层刺网进行非法捕捞，二人非法捕捞获得各类水产品共计 150.12 公斤。检察机关委托县农业农村局对该案非法捕捞造成的渔业资源损失及修复费用和方式进行鉴定评估。经县农业农村局专家评估，二人使用的三层刺网为禁用渔具，造成各项损失及天然渔业恢复费用 2 万余元；建议购买相应价值的 3 厘米以上鱼种放流至西洞庭湖受损水域，用于修复渔业资源与环境。8 月 30 日，案件经法院审理，被告曹某当庭承认破坏保护区生态环境、损害社会公共利益的事实，表示愿意共同承担修复责任并向社会公开赔礼道歉，主动全额缴纳天然渔业恢复费用。9 月 1 日，检察机关联合法院、西洞庭湖国家级自然保护区开展了增殖放流活动，组织曹某等非法捕捞违法行为人向西洞庭湖保护区投放鱼苗近 30 万尾。

2. 案例研析

我国作为渔业大国，广袤的水域和富饶的湿地及渔业资源是其显著特征。这些资源的深度开发与利用，既满足了民众对渔产品的日常所需，也为我国食品安全奠定了坚实基础。湿地资源不仅提供了丰富的物质基础，在环境保护上也展现出巨大功效，如在防洪、蓄水抗旱、气候调节、环境美化等关键领域发挥重要作用。健康的湿地系统，既是国家资源安全体系的关键一环，也是推动经济社会可持续发展的

---

〔1〕案例来源：《电击捕鱼！不仅触刑，还要公开道歉并投放鱼种恢复生态》，载腾讯网，https://new.qq.com/rain/a/20210719A0BUAK00，2021-07-19。

〔2〕案例来源：《汉寿县人民检察院诉李某某、曹某某非法捕捞水产品刑事附带民事公益诉讼案》，载汉寿县人民检察院网站，http：//www.hnhanshou.jcy.gov.cn/dwjs/yasa/content_ 484168，2022-11-04。

基石。

随着科学技术飞速发展，人类获取渔业资源的方式多样，捕捞渔业资源也日益失控。非法捕捞水产品破坏渔业资源、湿地资源和水域生态环境，损害国家和社会公共利益。可持续发展战略着眼于生态、经济及社会三个维度的持续进步，其强调在当前利益与长远规划间寻找平衡点，并要求在推动渔业经济发展的同时，必须注重人与自然的和谐共生。根据《国家湿地公园管理办法》第19条规定，国家湿地公园内禁止滥采滥捕野生动植物。案例中犯罪嫌疑人在保护区非法捕捞的行为破坏了保护区的渔业资源和湿地资源，损害了国家资源安全和社会公共利益，必须严厉打击。

长江"十年禁渔"是党中央"为全局计、为子孙谋"的重大战略部署，习近平总书记就长江"十年禁渔"作出一系列重要指示批示[1]，强调加大打击力度，必须斩断非法捕捞、运输、销售的地下产业链。一是以公安部为牵头单位，负责向农业农村部、市场监管总局等部门发送提示函，以此构建全方位的防控体系，多部门联合开展实施巡查行动，协同工作，有效指导并解决非法制贩渔网具、整治"三无"船舶，以及打击非法渔获物交易等关键问题。二是由公安部治安管理局牵头成立实体工作小组，并建立全时运转的举报中心，公布举报电话、梳理举报线索，实行督办核查、限时反馈制度，制作地区禁渔行动电子作战图，精准指导各地公安机关有针对性地开展工作。三是坚持以打开路，聚焦组织化、团伙化案件，暗查暗访，紧盯重要时间节点，全力破网断链。四是对于湿地广阔、禁捕覆盖范围广、涉及人员多、持续时间长的特殊流域（如长江流域），公安部要始终坚持"以打促禁"，组织该地公安机关在明确警情、水域、人群、动态和网络的基础上，做好"嫌疑人职业必查、渔具来源必查、船舶类别情况必查、行为特征必查、贩销渠道必查、犯罪所得必查、隐案积案必查"的"七查"工作。五是社会各界应建立渔业资源、国家湿地资源保护意识和可持续发展意识，以实际行动保护渔业资源和国家湿地资源，当好公共利益的"践行者""守护者"。

第二节　政策、制度（摘录）及拓展研析资料

一、能源资源安全领域风险治理政策话语表达（摘录）

1. 2013年，习近平在中央政治局第六次集体学习时强调："节约资源是保护生态环境的根本之策。扬汤止沸不如釜底抽薪，在保护生态环境问题上尤其要确立这个观点。大部分对生态环境造成破坏的原因是来自对资源的过度开发、粗放型使用。如果竭泽而渔，最后必然是什么鱼也没有了。因此，必须从资源使用这个源头抓起。"

---

[1] 张晓松、朱基钗等：《万里长江绘宏图——习近平总书记沪苏纪行》，载《人民日报》2020年11月16日，第1版。

2. 2014 年，习近平主持召开中央财经领导小组会议强调："能源安全是关系国家经济社会发展的全局性、战略性问题，对国家繁荣发展、人民生活改善、社会长治久安至关重要。"习近平就推动能源生产和消费革命提出 5 点要求。第一，推动能源消费革命，抑制不合理能源消费。第二，推动能源供给革命，建立多元供应体系。第三，推动能源技术革命，带动产业升级。第四，推动能源体制革命，打通能源发展快车道。第五，全方位加强国际合作，实现开放条件下能源安全。

3. 2017 年，习近平主持中央政治局第四十一次集体学习时指出："生态环境问题，归根到底是资源过度开发、粗放利用、奢侈消费造成的。资源开发利用既要支撑当代人过上幸福生活，也要为子孙后代留下生存根基。要树立节约集约循环利用的资源观，用最少的资源环境代价取得最大的经济社会效益。"

4. 2022 年，中央全面深化改革委员会第二十七次会议指出："节约资源是我国的基本国策，是维护国家资源安全、推进生态文明建设、推动高质量发展的一项重大任务……要突出抓好能源、工业、建筑、交通等重点领域资源节约，发挥科技创新支撑作用，促进生产领域节能降碳。要增强全民节约意识，推行简约适度、绿色低碳的生活方式，反对奢侈浪费和过度消费，努力形成全民崇尚节约的浓厚氛围。要综合运用好市场化、法治化手段，加快建立体现资源稀缺程度、生态损害成本、环境污染代价的资源价格形成机制，不断完善和逐步提高重点产业、重点产品的能耗、水耗、物耗标准，促进资源科学配置和节约高效利用。要处理好利用和节约、开发和保护、整体和局部、短期和长期的关系，既要坚持底线思维，从严监督管理，防范化解重大资源风险，也要考虑经济社会发展现实需要。"

二、能源资源安全领域风险治理制度表达（摘录）

1. 《国家安全法》第 21 条："国家合理利用和保护资源能源，有效管控战略资源能源的开发，加强战略资源能源储备，完善资源能源运输战略通道建设和安全保护措施，加强国际资源能源合作，全面提升应急保障能力，保障经济社会发展所需的资源能源持续、可靠和有效供给。"

2. 《节约能源法》第 7 条："国家实行有利于节能和环境保护的产业政策，限制发展高耗能、高污染行业，发展节能环保型产业。国务院和省、自治区、直辖市人民政府应当加强节能工作，合理调整产业结构、企业结构、产品结构和能源消费结构，推动企业降低单位产值能耗和单位产品能耗，淘汰落后的生产能力，改进能源的开发、加工、转换、输送、储存和供应，提高能源利用效率。国家鼓励、支持开发和利用新能源、可再生能源。"

3. 《矿产资源法》第 3 条："矿产资源属于国家所有。地表或者地下的矿产资源的国家所有权，不因其所依附的土地的所有权或者使用权的不同而改变。国家保障矿产资源的合理开发利用。禁止任何组织或者个人用任何手段侵占或者破坏矿产资源。各级人民政府必须加强矿产资源的保护工作。勘查矿产资源,必须依法登记。开采矿产资源,必须依法申请取得采矿权。国家保护合法的探矿权和采矿权不受侵犯,保障矿区和勘查作业区的生产秩序、工作秩序不受影响和破坏。采矿权不得买卖、出租,不得用作抵押。

4.《森林法》第 28 条:"国家加强森林资源保护,发挥森林蓄水保土、调节气候、改善环境、维护生物多样性和提供林产品等多种功能。"

5.《水土保持法》第 8 条:"任何单位和个人都有保护水土资源、预防和治理水土流失的义务,并有权对破坏水土资源、造成水土流失的行为进行举报。"

6.《野生动物保护法》第 4 条:"国家对野生动物实行保护优先、规范利用、严格监管的原则,鼓励开展野生动物科学研究,培育公民保护野生动物的意识,促进人与自然和谐发展。"

7.《渔业法》第 30 条:"禁止使用炸鱼、毒鱼、电鱼等破坏渔业资源的方法进行捕捞。禁止制造、销售、使用禁用的渔具。禁止在禁渔区、禁渔期进行捕捞。禁止使用小于最小网目尺寸的网具进行捕捞。捕捞的渔获物中幼鱼不得超过规定的比例。在禁渔区或者禁渔期内禁止销售非法捕捞的渔获物。重点保护的渔业资源品种及其可捕捞标准,禁渔区和禁渔期,禁止使用或者限制使用的渔具和捕捞方法,最小网目尺寸以及其他保护渔业资源的措施,由国务院渔业行政主管部门或者省、自治区、直辖市人民政府渔业行政主管部门规定。"

三、能源资源安全领域风险治理拓展研析资料

1. 吴尚昆、张玉韩:《中国能源资源基地分布与管理政策研究》,载《中国工程科学》2019 年第 1 期。(关注能源资源基地建设)

2. 徐德义、朱永光:《能源转型过程中关键矿产资源安全回顾与展望》,载《资源与产业》2020 年第 4 期。(理解能源转型对能源资源安全的影响)

3. 刘强:《资源保障与我的能源安全》,载《中国经济评论》2022 年第 11 期。(关注我国能源安全和能源资源保障)

4. 王安建、王春辉:《国际动荡局势对我国能源资源安全的挑战与应对策略》,载《中国科学院院刊》2023 年第 1 期。(把握国际形势对我国能源资源安全的影响)

5. 高来举、岳豪:《高质量发展阶段能源资源安全挑战与对策》,载《中国安全科学学报》2023 年第 5 期。(关注高质量发展中的能源资源安全问题)

第十二章　生物安全领域风险治理

【本章提要】生物安全是国家安全的重要组成部分，涉及国家经济社会发展各方面。生物安全威胁既包括自然发生的，也包括故意为之的；既包括自然爆发的传染病等威胁，也包括生物武器等方面的威胁。当前，我国生物安全领域整体形势日益复杂严峻，必须从保护人民健康、保障国家安全、维护国家长治久安的高度，建立健全国家生物安全治理体系，提高国家生物安全治理能力。本部分所选案例反映了国家生物安全面临的挑战及其防范应对。

第一节　典型案例研究

外来生物入侵事件

1. 案例概况

据生物多样性和生态系统服务政府间科学政策平台（Intergovernmental Science Policy Platform Biodiversity and Ecosystem Services，IPBES）2020年统计数据，全球外来物种达39191种。《自然》杂志2021年公布的研究数据显示，1970年至2017年，全球生物入侵造成的经济损失累计约1.288万亿美元，年均268亿美元。数据显示，美国、澳大利亚、南非、印度、菲律宾等国每年因生物入侵遭受的经济损失均超数百亿美元。我国是受外来入侵物种侵害最为严重的国家之一，外来入侵物种已达660余种。据2009年相关数据统计，年均损失超2000亿元，形势十分严峻。

案例（1）非洲大蜗牛入侵事件[1]

非洲大蜗牛原产于东非。20世纪上半叶，一位华侨在运回中国的植物中无意夹带了非洲大蜗牛的卵和幼螺，导致其在我国福建、广东、云南、海南、台湾、香港等地泛滥。非洲大蜗牛喜潮湿环境，畏光怕热，喜食蔬菜、谷物等农作物，常栖息于腐殖质土壤、生产生活垃圾堆中，身上常携带鼠肺线虫、广州管圆线虫、血吸虫等多种致病寄生虫。也有研究发现，非洲大蜗牛为适应城市生活环境，能够啃食水泥墙皮生存。1999年，台中一家6口人生吃被非洲大蜗牛爬过的蔬菜后感染广州管圆线虫，导致脑

---

〔1〕　案例来源：冉俊祥：《非洲大蜗牛的传播、危害和防治》，载《植物保护》1990年第2期；游意：《非洲大蜗牛的分布、传播、为害及防治现状》，载《广西农学报》2016年第1期。

膜炎。2003 年，我国第一批《中国外来入侵物种名单》中列入非洲大蜗牛。考虑到它对农作物的危害，已将其列为中国国家进出境二类检疫性有害生物。

案例（2）福寿螺入侵事件[1]

福寿螺广泛分布于北美、亚洲、非洲等地，已成为世界性外来入侵生物。福寿螺早期由海外进出口贸易进入我国，引入广东中山市养殖，被视为高蛋白食品，后因口感不佳、处理方式复杂等原因被放弃养殖。福寿螺被遗弃在水田中，又因在新的环境中并不存在天敌而大量繁殖，其成螺为杂食性，不仅喜食水稻，还常危及其他水生经济作物，如菱角、芡实等。随后福寿螺逐渐扩张领土，至今已扩展至我国北方省份。在广西等地，还有饲养田螺食用的习惯，福寿螺在形态上与田园螺差异很小，常会被人误食，其体内上千种外来寄生虫对人体健康危害极大。

案例（3）欧洲穴兔入侵澳大利亚事件[2]

穴兔原分布在欧洲。1859 年，一名英国殖民者为满足其狩猎爱好，邮寄 12 只家兔和 5 只欧洲穴兔至澳大利亚农场。澳大利亚水草丰美、气候适宜，栖息环境极其适合兔子生存，加之兔子在澳大利亚缺少天敌且繁殖速度极快，1859 年至 1866 年，这些兔子的后代急剧扩张。60 余年后的 1926 年，兔子侵占了整个澳大利亚大陆，规模达到100 亿只左右，数量是当时澳大利亚人口数的 1500 多倍，是当时全球人口的两三倍。大量的兔子与本地动物争夺食物和栖息地、破坏草场、啃食农作物，改变了当地植物群落，逐渐演变成澳大利亚的一场生态灾难，致使澳大利亚农牧业遭受巨大损失，生态环境遭受严重破坏，生物多样性面临严重威胁。

2. 案例研析

生物安全关乎人民生命健康，关乎国家长治久安，是国家安全的重要组成部分。在自然生态系统中，不同生物经长期演化形成的食物链和食物网，是维持生态系统结构性功能稳定和持续的基础，一旦生态平衡发生的改变不可逆转，现实结局与人类愿景就会背道而驰。

当前，外来物种的入侵途径呈现出更加多元化的趋势，主要包括自然入侵、有意和无意引进三大类。自然入侵是通过气流、风、水流或昆虫、鸟类传带，使植物种子、动物幼虫、卵或微生物发生自然迁移而造成生物危害。有意引进是指世界各国出于农、林、渔业发展之需，有意识地引进优良动植物、微生物品种，但因缺乏全面综合的风险评估制度，在引进优良品种的同时，也引进大量有害生物。这些外来物种改变了原有物种的生态环境和食物链。在没有"天敌"的情况下，它们迅速繁殖，最终将引发

---

〔1〕 案例来源：王蝉娟、宋增福等：《我国福寿螺入侵现状和防控研究进展》，载《生物安全学报》2021 年第 3 期；黎栩霞、吕鹤等：《福寿螺的分布现状、危害及其防治对策研究》，载《江西科学》2023 年第 2 期。

〔2〕 案例来源：《人兔百年战争：澳大利亚是如何被兔子攻陷的?》，载搜狐网，https：//www.sohu.com/a/320322146_ 120019418，2019-06-13；《澳洲最可怕的生物入侵：来自欧洲的野兔繁殖到 100 亿!》，载搜狐网，https：//www.sohu.com/a/480510976_ 121116754，2021-07-30。

生态问题。无意引进是经常性发生、占比最高的入侵途径。一方面，人类在活动时，没有意识到可能会携带和传入外来物种；另一方面，人类自身掌握的知识不够丰富，难以识别潜在外来物种，从而导致外来物种入侵。

生物资源是我国自然资源的有机组成部分，对人类具有直接、间接或潜在的经济、科研价值的生命有机体都可称为生物资源，包括基因、物种及生态系统等。生物本身存在着直接、间接及潜在价值，这些价值构成保护生物资源的原因之一。外来物种挤占本土生物的生存资源，长此以往会压缩其他生物的生存空间，更甚者还会导致其他生物灭亡。

一是外来入侵物种造成生物污染。大部分外来物种成功入侵后，其生长难以控制，可能对生态系统造成不可逆转的破坏。如原产南美洲的紫茎泽兰侵入云南南部后，以极快的速度向云南北部蔓延，所到之处不仅树木和农作物无法生长，其毒素还导致牛、马等牲畜患气喘病，对侵入区的畜牧业带来灾难。二是外来入侵物种可能造成粮食减产。我国是农业大国，农业是国家经济的重要支柱产业，粮食安全重要性日益凸显。外来物种如草地贪夜蛾、沙漠蝗等大量繁殖，啃食农作物，破坏农作物生长环境，严重挤压农作物生存空间，造成农作物减产，从根源上破坏农作物产业链条，威胁我国粮食安全。2019 年，草地贪夜蛾这一外来物种入侵我国，迅速蔓延至全国超过 20 个省份。以广东为例，该地区的玉米田地受害严重，受害株比例高达 60%；对于那些未能及时采取防治措施或防治不力的田地，受害植株比例高达 100%。此外，草地贪夜蛾还危害甘蔗、花生和香蕉等作物。三是外来入侵物种威胁人体健康。外来物种作为致病寄生虫的传播媒介，有强大的适应能力和寄生虫传播能力，威胁人民身心健康与社会稳定。例如，分布在我国东北、华北、华东、华中 15 个省市的豚草和三裂叶豚草，其花粉就是引起人类花粉过敏的主要病原物；又如禽流感、疯牛病等重大人畜疾（疫）病，给人类健康和社会稳定带来严重威胁和恐慌。一些植物的病原微生物还可能被用于生物恐怖主义活动，从而严重威胁世界和平与人类生存。

生物入侵已成为世界性难题。近些年来，我国在防御外来物种入侵、确保农林牧渔业可持续发展以及生物多样性保护方面，构建了一套完善的制度机制，显著增强了对外来物种入侵的防控与管理能力。尤其是党的十八大以来，在党中央高度重视下，积极推动《生物安全法》的制定施行，把外来物种入侵列为生物安全的重大风险之一，进一步强调了防范外来物种入侵在国家生物安全管理体系中的核心地位。2022 年，农业农村部携手自然资源部、生态环境部及海关总署等多部门，联合颁发《外来入侵物种管理办法》；同时，农业农村部联合其他六部门，制定了《重点管理外来入侵物种名录》；党的二十大报告也指出，要"加强生物安全管理，防治外来物种侵害"。考虑到外来入侵物种具有传播迅速、分布广泛、影响深远的特点，必须综合运用多种手段，确保防范工作取得实效。

第一，加快推进外来物种侵害监督管理体系构建。近年来，随着国内外商贸和人员往来日益频繁，外来入侵物种扩散途径更加多样化、隐蔽化。对此，一是开展外来入侵物种普查，摸清外来入侵物种的种类数量、分布范围、危害程度等。对《重点管理外来入侵物种名录》所列重点入侵物种进行动态跟踪调查，对具有危险性、潜在危险性及暂时无危险性的外来物种分类管理。二是加强外来入侵物种"线上+线下"联合市场监管，强化交易环节的规范与管理，严禁交易入侵的外来物种，加强跨区域调运物种的检疫监管，完善应对外来物种入侵风险的检疫许可、责任追究和损害赔偿等制度。三是加强部门协调和联防联控。外来入侵物种种类多、范围广，涉及农业农村、生态环境、海关、自然资源等不同部门，应重视跨部门生物入侵风险防范沟通协调与联动机制，建立多部门齐抓共管制度。

第二，健全生物物种侵害风险监测预警体系。一方面，对外来物种所属区域生态环境进行系统评估，对侵害风险进行研判和预测。同时，构建生物物种侵害风险评估体系，建立健全外来物种跟踪监测、检测识别、生态预警、应急响应等全链条防控治理体系，对外来物种入侵风险进行整体性防控。另一方面，建立外来入侵物种风险大数据库，加强生物安全数据信息共享与评估，加强大数据、5G、人工智能等前沿技术在外来物种侵害风险防范领域的应用。同时，强化科技支撑，为及时掌握外来入侵物种状况提供技术支撑，加强外来物种入侵风险防控技术研发与应用，探索形成安全高效、经济可行的技术体系。

第三，加强生物安全和生物入侵风险宣传教育。公众对生物安全的认知程度和外来物种侵害风险的了解情况，将直接影响我国生物安全治理成效。当前，社会层面对生物安全和外来物种入侵风险和危害性认识不一，亟须调研了解国民对生物安全的认知情况，加强全民生物安全和生物入侵防控宣传教育，普及外来物种侵害知识，建立生物安全和外来物种侵害的公众参与和沟通机制，使公众更多了解外来物种入侵的途径和危害，提高全社会对外来物种入侵风险的防范意识，为防范生物安全风险奠定坚实群众基础。

第二节 政策、制度（摘录）及拓展研析资料

一、生物安全领域风险治理政策话语表达（摘录）

1. 2020年2月，习近平主持召开中央全面深化改革委员会第十二次会议强调："要从保护人民健康、保障国家安全、维护国家长治久安的高度，把生物安全纳入国家安全体系，系统规划国家生物安全风险防控和治理体系建设，全面提高国家生物安全治理能力。要尽快推动出台生物安全法，加快构建国家生物安全法律法规体系、制度保障体系。"

2. 2021年9月，习近平在中央政治局第三十三次集体学习时强调："现在，传统生物安全问题和新型生物安全风险相互叠加，境外生物威胁和内部生物风险交织并存，

生物安全风险呈现出许多新特点，我国生物安全风险防控和治理体系还存在短板弱项。必须科学分析我国生物安全形势，把握面临的风险挑战，明确加强生物安全建设的思路和举措……要完善国家生物安全治理体系，加强战略性、前瞻性研究谋划，完善国家生物安全战略。要健全党委领导、政府负责、社会协同、公众参与、法治保障的生物安全治理机制，强化各级生物安全工作协调机制。要从立法、执法、司法、普法、守法各环节全面发力，健全国家生物安全法律法规体系和制度保障体系，加强生物安全法律法规和生物安全知识宣传教育，提高全社会生物安全风险防范意识。要夯实联防联控、群防群控的基层基础，打好生物安全风险防控人民战争。"

3. 2022 年 10 月，党的二十大报告指出："加强生物安全管理，防治外来物种侵害……强化食品药品安全监管，健全生物安全监管预警防控体系。"

二、生物安全领域风险治理制度表达（摘录）

1. 《生物安全法》第 14 条："国家建立生物安全风险监测预警制度。国家生物安全工作协调机制组织建立国家生物安全风险监测预警体系，提高生物安全风险识别和分析能力。"

2. 《生物安全法》第 15 条："国家建立生物安全风险调查评估制度。国家生物安全工作协调机制应当根据风险监测的数据、资料等信息，定期组织开展生物安全风险调查评估。"

3. 《生物安全法》第 42 条："国家加强对病原微生物实验室生物安全的管理，制定统一的实验室生物安全标准。病原微生物实验室应当符合生物安全国家标准和要求。从事病原微生物实验活动，应当严格遵守有关国家标准和实验室技术规范、操作规程，采取安全防范措施。"

4. 《生物安全法》第 61 条："国家采取一切必要措施防范生物恐怖与生物武器威胁。禁止开发、制造或者以其他方式获取、储存、持有和使用生物武器。"

5. 《传染病防治法》第 12 条："在中华人民共和国领域内的一切单位和个人，必须接受疾病预防控制机构、医疗机构有关传染病的调查、检验、采集样本、隔离治疗等预防、控制措施，如实提供有关情况。疾病预防控制机构、医疗机构不得泄露涉及个人隐私的有关信息、资料。卫生行政部门以及其他有关部门、疾病预防控制机构和医疗机构因违法实施行政管理或者预防、控制措施，侵犯单位和个人合法权益的，有关单位和个人可以依法申请行政复议或者提起诉讼。"

6. 《进出境动植物检疫法》第 7 条："国家动植物检疫机关和口岸动植物检疫机关对进出境动植物、动植物产品的生产、加工、存放过程，实行检疫监督制度。"

7. 《国境卫生检疫法》第 4 条："入境、出境的人员、交通工具、运输设备以及可能传播检疫传染病的行李、货物、邮包等物品，都应当接受检疫，经国境卫生检疫机关许可，方准入境或者出境。具体办法由本法实施细则规定。"

三、生物安全领域风险治理拓展研析资料

1. 张成岗：《确保生物安全与发展生物经济的多维思考》，载《人民论坛·学术前沿》2022 年第 14 期。（认识生物安全与发展之间的关系）

2. 杨霄、薛杨等：《中国的生物安全观与治理体系研究》，载《国家安全研究》2023 年第 1 期。（把握我国生物安全治理体系）

3. 肖军、姚珣珣：《大安全格局下的生物安全风险及其应对》，载《江西警察学院学报》2023 年第 3 期。（把握生物安全风险与应对路径）

4. 崔艳梅、刘海涛：《国际生物安全战略探析及对我国生物安全治理的启示》，载《中国医药导报》2023 年第 18 期。（认识外国的生物安全战略对我国的启示）

5. 余晓迪：《新时代中国推动生物安全建设的实践及展望》，载《中国应急管理科学》2024 年第 8 期。（把握新时代我国维护生物安全的实践）

第十三章　海外利益安全领域风险治理

【本章提要】海外利益安全是我国发展和安全利益的重要组成部分。近年来，随着我国深入推进高水平对外开放，稳步扩大规则、规制、管理、标准等制度型开放，推动共建"一带一路"高质量发展，维护海外利益安全的重要性和紧迫性持续上升。本部分所选案例反映了国家海外利益安全面临的国际和地区动荡、恐怖主义等现实威胁，迫切需要加强海外安全保障能力建设，维护我国公民、法人在海外的合法权益。

第一节　典型案例研究

我国海外撤侨事件

1. 案例概况

案例（1）吉尔吉斯斯坦撤侨事件[1]

2010年6月12日以来，吉尔吉斯斯坦南部奥什地区发生骚乱，造成大量人员伤亡。为尽快将滞留在吉境内的侨胞接回国，6月14日，我国政府决定派包机撤侨，由外交部牵头组成的两个工作组于14日分别赴吉尔吉斯斯坦和乌鲁木齐协助开展撤侨工作。从14日晚第一架包机从乌鲁木齐起飞，到17日凌晨最后一架包机在乌鲁木齐降落，53个小时内，我国政府派出9架包机先后前往奥什、卡拉苏和比什凯克等3座吉尔吉斯斯坦城市，共接回1299名我国公民，无人受伤。外交部发言人在例行记者会上说，吉尔吉斯斯坦南部地区发生骚乱后，中国领导人和政府高度重视在吉华侨华人的安全，在各方共同努力下，中方日前已完成有关撤侨任务，共出动9个架次包机，从吉尔吉斯斯坦接回约1300名中国公民。此次吉尔吉斯斯坦撤侨从规模、包机密集程度、涉及人数上，均为我国政府40年来最大规模的撤侨行动。

案例（2）利比亚撤侨事件[2]

2011年2月16日，数百名利比亚民众在该国第二大城市班加西举行反政府抗议活

〔1〕案例来源：《中国政府已派出4架包机接吉骚乱地区中国公民"回家"》，载中国网络电视台，http：//news. cntv. cn/china/20100616/100356. shtml？eefyj3，2010-06-16；乔林：《紧急撤侨——维护侨民利益》，载《侨务工作研究》2010年第4期。

〔2〕案例来源：李平、张景成等：《见证中国力量——利比亚撤员行动纪实》，载《新长征（党建版）》2011年第4期；胡英华：《大规模撤侨行动的中国政府行为研究——以2011年利比亚撤侨为例》，中国政法大学2018年硕士学位论文。

动。利比亚政府为尽快平息骚乱，使用武装手段对抗议群众进行镇压。然而骚乱规模持续扩大，截至 2 月 24 日，利比亚骚乱已造成 300 人遇难。受骚乱影响，我国驻利比亚的企业基本停止了施工，我国企业和公民的安全遭到巨大威胁。2 月 18 日晚，我国水利水电建设集团在利比亚迪哈姆瑞的项目遭袭击，致 11 名我国工人受重伤。在我国驻利比亚大使馆遭到破坏的情况下，为保证自身生命安全，驻利比亚的我国公民无奈选择自发前往最近的港口城市，等待我国外部救援。然而当我国公民冒着生命危险抵达港口时，却发现利比亚军方已控制了国内各大港口和机场，并且因为出发时情况危急，我国公民迅速陷入无水可喝、无粮可吃的困境，于是向利比亚军方求助，却遭军方漠视。此时，我国政府已经随时准备进入利比亚，分批组织我国驻利比亚人员安全有序撤离。

2011 年 2 月 19 日，鉴于利比亚局势急剧恶化，国务院迅速启动国家涉外突发事件 I 级响应机制，当晚我国外交部立即发出预警，国家救援即将启动。2 月 22 日，国务院正式下达利比亚撤侨命令，我国驻希腊、马耳他、突尼斯大使馆纷纷迅速响应。2 月 22 日至 3 月 5 日连续 12 天中，分布在利比亚各地的 35860 名受困中国公民全部被安全撤出。这是新中国成立以来最大规模的有组织撤离我国海外公民行动。

此次撤侨事件是我国海外利益保护积极作为的缩影和集中写照，我国在利比亚公民的生命安全由于祖国的及时行动得到了切实保障。然而对于利比亚中资企业来说，随着西方国家军事干预行动的愈演愈烈，其投资和财产利益无疑将蒙受巨大损失。据统计，彼时我国在利比亚投资企业 75 家，总金额约 188 亿美元。此次撤侨事件也对我国海外利益保护提出了一些新的思考。

2. 案例研析

海外撤离行动是指当接受国发生政治动荡或重大自然灾害等危机事件时，派遣国政府根据实际需要通过特定方式和途径，协助本国或其他国家海外公民撤离至派遣国或第三国的领事保护行为。

随着我国对外交往步伐不断加快，我国公民和企业"走出去"的规模日益提升，我国海外利益保护领域也延伸到更多的风险地区。同时，海外的中国企业和人员也面临多样化的安全威胁：其一，随着中美博弈不断加剧，我国驻外机构、海外重点项目成为西方国家打压的目标，一些发达国家已经多次以安全为由，否决我国的海外投资和建设项目，使得我国一些海外投资频频遭遇假合法审查之名行贸易保护之实的"审查壁垒"。其二，当前部分国家社会问题突出，社会治安环境较差，还有一些国家和地区局势极不稳定，受战乱、社会动荡等因素多种影响，我国驻外机构和人员遭袭事件频发。其三，"中国威胁论"甚嚣尘上，在西方主流媒体的大肆渲染和污蔑下，国际社会仇视中国的声音呈现令人担忧的态势。一些国家不惜投入大量资金资助非政府组织对我国周边国家进行渗透，并资助其传播和煽动反华言论，这种负面舆情环境具有滋生大规模反华排华行动的风险，也对我国拓展海外利益保护提出了新的更高要求。

海外撤离行动既属于国内公共事务讨论之范畴，也跨越国界成为国际公共事务的一部分。在实施撤离过程中，尽管政府执行机构扮演着核心角色，但其成功执行还有赖于与国内各相关部门的紧密协调与全面动员，并且需与所在国家、其他国家以及国际组织等展开密切合作，以共同推动撤侨工作的顺利进行。

第一，构建国内的综合协调与战略规划机制。海外撤离行动的成功实施，离不开中央与地方、政府部门间、政府与社会以及国内外机构间的紧密协作。近年来，我国先后设立了中央国家安全委员会和中央外事工作委员会，以加强对国际事务的统一领导。当前，我国海外撤离行动的国内协调架构，主要依托于自上而下的行政指导力。在党中央的集中统一领导下，我国正逐步推进海外撤离行动的规范化、制度化进程。其中，外交、商务等部门、地方政府、驻外使领馆、企业及民间组织等多元主体的参与，通过多层次的协调配合，构建起全面高效的统筹机制，解决了单一涉外部门资源有限的问题。

第二，构建与对象国和国际社会的协同合作机制。撤离行动实质上是派遣国在另一国领土上履行保护本国公民的职责。故而，在紧急状况下与接收国建立有效的撤离协调机制，对构建全面的海外撤离体系至关重要。我国极为重视与接收国的沟通与协作，努力通过制度化安排，与接收国相关部门紧密合作，共同构建跨越国界的撤离行动协调体系。其包括陆路与海路运输的安全保障、人员安全保护以及跨国流动管理等诸多方面，力求实现国内外资源的优化配置与整合，以形成内外联动、高效协同的海外撤离工作模式。

第三，构建完善的善后处理机制。2011年利比亚撤离行动结束后，我国商务部与国际商会便立即着手准备初步的索赔方案，这表明我国政府不仅关注撤离行动的直接成果及其在国内的影响，还重视其可能引发的长远后果和连锁反应。例如，对当地利益的持续保护、撤离行动对当地局势的潜在影响，以及对其他国家撤离行动树立先例等。在善后处理上，我国政府、社会组织、企业等多方力量，通过多样化方式，为归国侨胞提供包括医疗援助、食物供应、住宿安排以及心理辅导等在内的全方位救助与补偿措施，确保他们能够得到及时且周到的关怀。

此外，在这些撤侨行动中，我国为所有愿意搭乘国内交通工具撤离的港澳台人员，还有其他一些希望尽早避险的外国公民，提供了最大可能的助力，充分展现了我国外交以人为本、中华民族慈善为怀的人道主义精神。

在海外撤离行动中，我国展现出的机制统筹具有多元主体参与、目标高度统一，以及利益整体考量等显著特征。首先，党在海外撤离行动中扮演着引领方向、整合各方资源的关键角色。其次，我国海外撤离行动凸显了政府与社会力量的紧密结合，这种模式能迅速调动并集中优势资源来确保各方力量之间的密切配合。再次，我国政府通过实施综合统筹，促进各类机制相互支持与协同配合，从而实现"整体大于部分之和"的效果。最后，我国的海外撤离行动机制是在长期实践中不断探索与总结出来的，它源自实践又指导实践，通过反复探索与实践，逐步形成了既高效又实用的应对策略。

当然，目前我国海外撤离行动仍面临撤离行动遵循行政体系结构的条块关系路径开展、海外中国公民安保法律规范不健全、领事保护常态化机制建设滞后制约行动协作等问题。可考虑从完善海外撤离行动的应急管理制度、创新领事保护理念、构建我国与对象国的领事保护合作机制等方面健全完善我国海外撤离行动开展机制。

第二节 政策、制度（摘录）及拓展研析资料

一、海外利益安全领域风险治理政策话语表达（摘录）

1. 2014 年 11 月，习近平在中央外事工作会议上强调："要切实抓好周边外交工作，打造周边命运共同体，秉持亲诚惠容的周边外交理念，坚持与邻为善、以邻为伴，坚持睦邻、安邻、富邻，深化同周边国家的互利合作和互联互通。……要切实维护我国海外利益，不断提高保障能力和水平，加强保护力度。"

2. 2017 年 6 月，中央全面深化改革领导小组第三十六次会议强调："境外企业和对外投资安全是海外利益安全的重要组成部分。要坚持党对境外企业和对外投资安全工作的领导，在国家安全体系建设总体框架下，完善对境外企业和对外投资的统计监测，加强监督管理，健全法律保护，加强国际安全合作，建立统一高效的境外企业和对外投资安全保护体系。"

3. 2019 年 1 月，习近平在省部级主要领导干部坚持底线思维着力防范化解重大风险专题研讨班开班式上强调："要加强海外利益保护，确保海外重大项目和人员机构安全。要完善共建'一带一路'安全保障体系，坚决维护主权、安全、发展利益，为我国改革发展稳定营造良好外部环境。"

4. 2021 年 3 月，十三届全国人大四次会议通过《国民经济和社会发展第十四个五年规划和 2035 年远景目标纲要》指出："完善境外投资分类分级监管体系。构建海外利益保护和风险预警防范体系。优化提升驻外外交机构基础设施保障能力，完善领事保护工作体制机制，维护海外中国公民、机构安全和正当权益。"

5. 2021 年 11 月，习近平在第三次"一带一路"建设座谈会上强调："要全面强化风险防控。要落实风险防控制度，压紧压实企业主体责任和主管部门管理责任。要探索建立境外项目风险的全天候预警评估综合服务平台，及时预警、定期评估。要加强海外利益保护、国际反恐、安全保障等机制的协同协作。"

二、海外利益安全领域风险治理制度表达（摘录）

1. 《国家安全法》第 18 条："国家加强武装力量革命化、现代化、正规化建设，

建设与保卫国家安全和发展利益需要相适应的武装力量；实施积极防御军事战略方针，防备和抵御侵略，制止武装颠覆和分裂；开展国际军事安全合作，实施联合国维和、国际救援、海上护航和维护国家海外利益的军事行动，维护国家主权、安全、领土完整、发展利益和世界和平。"

2. 《国家安全法》第 33 条："国家依法采取必要措施，保护海外中国公民、组织和机构的安全和正当权益，保护国家的海外利益不受威胁和侵害。"

3. 《对外关系法》第 32 条："国家在遵守国际法基本原则和国际关系基本准则的基础上，加强涉外领域法律法规的实施和适用，并依法采取执法、司法等措施，维护国家主权、安全、发展利益，保护中国公民、组织合法权益。"

4. 《对外关系法》第 37 条："国家依法采取必要措施，保护中国公民和组织在海外的安全和正当权益，保护国家的海外利益不受威胁和侵害。国家加强海外利益保护体系、工作机制和能力建设。"

5. 《领事保护与协助条例》第 8 条："在国外的中国公民、法人、非法人组织因正当权益被侵犯向驻外外交机构求助的，驻外外交机构应当根据相关情形向其提供维护自身正当权益的渠道和建议，向驻在国有关部门核实情况，敦促依法公正妥善处理，并提供协助。"

6. 《领事保护与协助条例》第 15 条："驻在国发生战争、武装冲突、暴乱、严重自然灾害、重大事故灾难、重大传染病疫情、恐怖袭击等重大突发事件，在国外的中国公民、法人、非法人组织因人身财产安全受到威胁需要帮助的，驻外外交机构应当及时核实情况，敦促驻在国采取有效措施保护中国公民、法人、非法人组织的人身财产安全，并根据相关情形提供协助。确有必要且条件具备的，外交部和驻外外交机构应当联系、协调驻在国及国内有关方面为在国外的中国公民、法人、非法人组织提供有关协助，有关部门和地方人民政府应当积极履行相应职责。"

三、海外利益安全领域风险治理拓展研析资料

1. 肖晞、宋国新：《中国"一带一路"建设中海外利益的脆弱性分析与保护机制构建》，载《学习与探索》2019 年第 5 期。（把握"一带一路"建设中的海外利益安全）

2. 郭永良、郑启航：《海外利益保护中风险预警防范体系的构建》，载《公安学研究》2020 年第 1 期。（关注海外利益安全风险防范应对）

3. 郭永良：《中国海外利益安全的实践类型及其战略指引》，载《公安学研究》2022 年第 3 期。（理解维护海外利益安全的实践）

4. 刘艳峰：《国家海外安全治理论析：基于总体国家安全观视角》，载《太平洋学报》2023 年第 5 期。（认识总体国家安全观指引下的海外安全治理）

5. 戚凯：《数字时代的中国海外利益保护》，载《拉丁美洲研究》2024年第4期。（关注数字时代的海外利益安全）

6. 唐小松、徐梦盈：《论中国因素对美国海外利益保护机制调整的影响》，载《拉丁美洲研究》2024年第4期。（关注大国的海外利益保护）

7. 赵景琛：《中国企业海外利益保护机制创新研究》，载《开放导报》2025年第2期。（把握我国企业海外利益保护机制）

第十四章　粮食安全领域风险治理

【本章提要】粮食是人类赖以生存和发展的物质基础，维护粮食安全是一国永恒的课题。粮食问题不能只从经济上看，还必须从政治上看，受人口增长、气候变化、地缘政治危机、全球经济增速放缓等因素影响，粮食安全风险不断增加，维持我国粮食大丰收态势、保障国家粮食安全将面临更大压力和更多挑战。本部分所选案例反映了国家粮食安全面临的严峻挑战及如何用科技守护粮食安全。

第一节　典型案例研究

一、大豆价格事件

1. 案例概况[1]

我国自古以来就是大豆盛产国，大豆产量一度比世界其他国家大豆产量总数还要多。2001 年，我国对外开放大豆市场，由此粮食产业被打开缺口，威胁也沿着缺口蔓延过来。2001 年始，国际四大粮商［美国 ADM、邦吉（Bunge）、嘉吉（Cargill）和法国路易·达孚（Louis Dreyfus）］通过资本注入的形式强势进入大豆产业经营链条，并实行控制垄断。2004 年，我国大豆产业在资本打压下不堪重负，多家大中型大豆加工厂及成品油压榨厂破产倒闭，这时外资对其低价并购。

2003 年 8 月，美国农业部突然发布声明，以天气原因为由将大豆库存调低至 20 年最低点。此时距离美国大豆上市还有 1 个月，意味着大豆产量将会降低，而时间因素让大豆产业暂时找不到其他进口来源，结果大豆价格猛涨。此时，华尔街大鳄闻风而动，开始操作大豆库存，把价格拉到史无前例的高度。美国农业部发布消息前，我国境内大豆价格为每吨 2300 元人民币，2004 年 3 月，我国境内大豆价格为每吨 4400 元。价格翻了近一倍，创了大豆在过去 30 年的最高纪录。

大豆价格暴涨让国内油商十分紧张，但考虑到美国政府价格介入，他们选择了观望。2004 年 3 月，美国农业部宣布：今年大豆不会增产。这个消息导致我国油商恐慌，加之华尔街疯狂炒作，大豆很可能突破每吨 5000 元至 6000 元。2004 年 3 月，我国油

---

〔1〕 案例来源：张昕：《中国大豆产业安全研究》，山东大学 2010 年博士学位论文；安邦：《十年两次违约中国大豆贸易将走向何方》，载《中国粮食经济》2014 年第 6 期。

商集体结资出海，在 4300 元历史高位，抢购了 800 万吨大豆。次月，在我国油商结资抢购大豆不到 1 个月，美国农业部突然增产大豆，调高大豆库存，在我国油商还未反应时开始反手做空抛售大豆。大豆价格从每吨 4300 元暴跌到每吨 2200 元，我国油商从利润微薄变成了巨额亏损。面对价格差异，我国油商不得不选择违约，放弃高价购买的大豆。依协议规定，如果毁约，800 万吨的赔偿金额接近 100 亿元。此时，四大粮商趁机起诉我国油商毁约，提起高达 60 亿元的巨额诉讼，并借此联合其他国际油商封锁我国企业，禁止对我国油商出口大豆。

此次大豆事件带来了国内大豆加工行业的全行业亏损，我国一千多家榨油企业也全面破产。除几家实力雄厚企业能勉强保住，另外 90% 的企业都被四大粮商和其他外资全部低价收购。此次大豆价格暴涨，让东北豆民大量扩种大豆，结果次年价格暴跌，导致许多豆农巨额亏损，大豆种植产业同样被四大粮商低价兼并。大豆事件使我国大豆产业受到摧毁，几乎被全盘接管，四大粮商成功控制了我国大豆 85% 的实际产业，再算上间接控制的产业，四大粮商在我国大豆产业占有率不会低于 90%。

四大粮商并不满足获取大豆加工利润，还意图通过打开我国粮食缺口布局长远规划，获得更稳定的垄断地位和既得利益。因为获得了大豆控制权，他们开始控制食用油价格。2007 年，在跨国粮商操控下，国内食用油价格猛涨，2010 年初，主要品牌食用油在全国范围掀起了一轮涨价潮，售价上涨 10% 左右。由于资本不断入侵，我国食用植物油的自给率已由 21 世纪初的 60% 下降到此时期的 37%。在四大粮商资本入侵同时，我国水稻、小麦、玉米等其他作物也经历着同样的遭遇。2009 年前后，外资在盛产粮食作物的东北地区开始了野心勃勃的战略布局，不只在东北，在我国各大粮食主产区外资都开始发力，对各地国有粮库进行收购，以达到进一步控制国内粮食市场的目的。

2. 案例研析

在和平与发展的时代背景下，各国间竞争从军事领域开始转向经济领域，霸权主义也逐渐伸到了粮食领域。以四大粮商为代表的跨国集团一直企图通过大豆遏制我国粮食命脉，屡次被中储粮（中国储备粮管理集团有限公司）防范化解。跨国粮商企图做空中国背后隐藏的是西方的"粮食霸权"。粮食安全不仅与每个公民生活息息相关，更是关系国家命脉的大事。我国粮食在某些种类上基本实现自给自足，但却存在结构性短缺问题。在俄乌冲突持续、国际粮食市场供应紧张的背景下，粮食安全越来越成为考验国家安全的一个重要因素。这当中最为紧缺、致命的便是大豆问题。

大豆原产于我国，在我国种植历史悠久，从春秋战国至清朝，我国大豆产量一直居世界领先水平。然而甲午战争使我国战火不断，新中国成立后人口和粮食需求暴增使大豆缺口增大，且大豆种植成本高、收益低，基于多种原因，我国大豆缺口与日俱增。2022 年，我国进口大豆达 9000 多万吨，进口量高达 80% 以上，而自给率仅 17%，每年都需要从美国进口大豆，我国已成为全球最大的大豆进口国。目前，我国国内大豆生产、供给严重不足，产量下降速度较快，国际供给依存度高，对外依赖度明显增加，进口来源集中，大豆供需矛盾已成为我国农业的突出问题，是国家粮食安全战略中最脆弱的部分。同时，我国大豆培育技术不成熟、缺乏良种、种植规模小等问题也加重了大豆危机。大豆安全供给是我国粮食安全的核心，因此快速提高国内大豆产量是确保我国粮食安全的当务之急。

如今，美国已成为世界最大的大豆生产和出口国，产量占全球53%。我国大豆种植面临巨大竞争和冲击，这导致大豆种植积极性低，形成恶性循环。正是基于以上原因，大豆安全不仅关系国家稳定和发展，也成为一些国家用以维护霸权的战略手段。为避免西方国家把控我粮食命脉，防止其利用市场漏洞收割国内资本，我国自1955年起建立了粮食储备制度，2000年中储粮成立，这一系列措施对保障我国粮食安全具有重要意义。一方面，可以应对苦干西方国家利用恶意价格变动垄断资本市场，维护粮食市场稳定；另一方面，可以对国内粮食价格暴跌进行兜底，维持粮食生产正常运作。正是有了强大的国家力量的保障，使粮食这一关系国家命脉的产业有了兜底和应对危机的实力，也多次挫败四大粮商的"阴谋"。

随着国家的重视，国有资本纷纷介入粮食市场。面对巨大的大豆缺口，我国采取了多种措施，积极实施大豆振兴计划，降低对大豆的进口依赖度，取得显著效果。党的十八大以来，中国特色国家粮食安全战略的有效实施，促使我国粮食安全保障体系不断完善，粮食生产能力实现稳步增长，粮食储备实力不断夯实，粮食流通的现代化进程也实现显著提升，这些都为维护国家粮食安全提供了坚实基础。但仍要看到，国内大豆乃至粮食产业依然面临严峻挑战。即便是国资控股的中粮，其食用油的主要贸易对象仍是美国ADM，产业振兴之路依然任重道远。

为了确保饭碗牢牢端在自己手中，必须深刻理解全球形势、国家状况及农业实际，正视粮食安全所面临的风险与挑战，走出一条符合我国实际的粮食安全与高质量发展之路。一是着力推进农业耕地高质量建设，坚决捍卫18亿亩耕地的底线，有序推动基本农田向高标准农田升级，以确保口粮及关键农产品的生产用地得到严密防护，不受任何侵害。二是运用现代高新技术深化提高育种技术，落实藏粮于地、藏粮于技，主攻转基因技术和生物学等关键问题的突破和应用。三是充分调动农民种粮积极性，优化粮食生产者的收益保障机制、完善粮食产区和销售区的利益协调与保护机制。四是增强国际粮食市场话语权，注重警惕外资粮食霸权，同时采取有力的粮食调控措施，优化粮食政策和经营模式，积极利用外资而谨防被霸权利用，把粮食安全的主动权牢牢掌握在自己手中。

二、割青麦作饲料事件

1. 案例概况[1]

2021 年 5 月起，小麦陆续迎来成熟期，由南向北的麦收工作紧锣密鼓展开。然而河南、安徽等地却传出"割青麦作饲料"的消息：河南某地农民将未成熟的小麦以每亩 1500 元的价格卖给饲料企业做青贮饲料。用小麦作青贮并不罕见，正常年份也有，但出于小麦生物产量和种植成本等因素，一般不会被用作青贮饲料原料，青贮小麦需求量很小，且把小麦做成青贮饲料并不划算。

面对此种情形，2022 年 5 月 10 日，我国政府迅速作出回应，针对媒体反映个别地方毁麦开工及网上流传的割青麦作饲料短视频，农业农村部相关司局负责人表示，农业农村部对此高度重视，"五一"期间就组织相关省份进行核查核实。调查后，农业农村部又下发通知要求各地进一步全面排查毁麦开工、青贮小麦等各类毁麦情况，对违法违规行为发现一起处理一起，并对粮食的后续工作提出了科学的建议。

经查，2021 年以来粮食生产经历了抗秋汛、促弱苗、防病虫等多个关口，青贮玉米无法及时收割，导致供给出现缺口。2022 年 4 月至 5 月，一些奶牛养殖企业青贮料不足，而青贮饲料的替代产品较少，且有限的补充产品价格偏高，所以有企业选择用青贮小麦作为补充。而河南恰好是我国小麦种植面积最大的地区，这才有了大面积小麦被提前收割的场景。此次收割未成熟小麦作青贮事件，主要是因为养殖企业玉米青贮储备量告急，远途调货成本又太高，于是向农民采购未成熟的青麦来暂时替代，这是业内常见的做法。而对于个别麦田长势较差、预期产量较低的农户来说，割青小麦转作青贮饲料售卖似乎更加稳妥，于是便出现了提前割青麦的情况。

2. 案例研析

青贮饲料是指将处在灌浆期的小麦、玉米等农作物收割、切碎，装入青贮设备，在密闭缺氧条件下，通过微生物发酵，得到的一种粗饲料。它营养丰富、保存期长，能保证牲畜整年都吃到新鲜饲料。为了牲畜能产出更好的肉质和奶，我国畜牧业选择使用青贮饲料的养殖户越来越多，青贮作物的需求量也随之上涨，部分地区会有种植专业青贮作物的农户，而河南便是其中一个地区。玉米、玉米秸青贮是目前最常用的青贮饲料，小麦青贮的用量一般很少，通常将其作为补充。

尽管我国粮食产量实现了"十九连丰"，但并不意味着可以放松警惕，因为我国粮食的供需在未来很长一段时间仍保持紧张平稳态势。小麦作为中国人的主粮，其被盲目收割用作青贮饲料的现象必须得到反对和遏制。2023 年中央一号文件提出"全力抓

---

[1] 案例来源：《农业农村部相关司局负责人：全面排查各类毁麦情况 确保夏粮颗粒归仓》，载农业农村部网站，http：//www.moa.gov.cn/xw/zwdt/202205/t20220510_ 6398842.htm，2022-05-10；《1500 元一亩割青麦当饲料 这事实在太蹊跷》，载西陆网，http：//www.xilu.com/20220513/1000010001208224_ 1.html，2022-05-13。

好粮食生产""严防'割青毁粮'"。这是 21 世纪以来，中央一号文件首次在粮食生产方面提出"严防"的策略，其政策导向一目了然，既是对饲料行业做好提前物质储备的预警，也是对广大农民及农业科技人员辛勤劳作的深切关怀与尊重。

尽管农民为追求更高收益、饲料商为满足牲畜紧急喂养需求，选择将青贮小麦作为饲料补充的做法在某种程度上是合理，但盲目破坏未成熟粮食作物的行为是不值得提倡的。因此，必须严厉打击危害粮食安全的违法行为，特别是那些未经批准擅自改变耕地用途、破坏麦田进行非农业建设的行为。同时，对于合规经营、真正服务于畜牧业发展的专业青贮饲料生产商，应该给予必要的政策扶持和市场支持。即便此次割麦毁粮事件的影响范围相对较小，且得到及时处理，对整体粮食安全的冲击较小，但它也揭露了国内粮食与饲料粮之间界限模糊的问题。如果不能有效解决这一问题，我国将面临更为复杂的粮食安全挑战，即如何在确保国家粮食安全的同时，也保障农民收入持续增长。

随着我国经济的增长以及居民生活水平的提升，其对食物消费结构发生显著变化，即传统粮食消费相对减少，而对高蛋白食品的需求大幅增加，这一转变带动了饲料需求的快速增长，进而使得我国对饲用大豆等原料的进口逐年攀升。当前，我国在畜牧产业的粮食饲用消费占比较高，其中玉米作为能量饲料，大豆豆粕作为蛋白饲料。因此，这使得国内蛋白质饲料原料生产仍面临诸多挑战，包括非粮饲料原料的开放利用不足、饲料转化效率不高，以及新型饲料蛋白质的研发进展缓慢等。为应对人们饮食需求的变化，加强饲料供应体系的建设，持续提高动物的生产效率和产量，显得尤为关键。

为推动青贮饲料健康发展，应当遵循大食物观的指导原则，致力构建多元化的食物供给体系。通过充分考虑各地的资源条件，因地制宜地发展粮食或畜牧业，以确保口粮的充足供应，又能满足饲料的需求，从而避免"人畜争粮"的矛盾。在重视青贮饲料发展的同时，2023 年中央一号文件指出："建设优质、节水、高产、稳产的饲草料生产基地，加快苜蓿等草产业发展。"当前，我国草产品的结构和种植模式相对单一，市场上的饲草料产品主要以草颗粒、草块等初级产品为主，其使用效率和附加值都相对较低。又或者是，因为国内饲草料的收获、调制、加工等技术相对落后，制约了我国饲草料行业的可持续发展，导致我国每年都需要进口大量的优质饲草。据相关统计，2021 年我国苜蓿草的产量已超过 400 万吨，但苜蓿供应仍然依赖进口。因此，中央一号文件提出的加快发展苜蓿等草产业的政策措施，有助于降低我国对进口饲草的依赖，进一步促进国内畜牧业健康发展，从而满足人们的饮食多样化需求。无论是大力发展青贮饲料，还是加快苜蓿等草产业的发展，其都将基于"构建多元化食物供给体系"的总体框架之下。

为保障国家粮食安全，我们必须坚持两个核心策略：一是确保种植面积的稳定，提升农业生产效能；二是树立并践行"大食物观"。其要求不再局限于传统粮食范畴，从更为宽广的视角出发，因地制宜制订发展策略，以丰富食物种类及来源。在此过程中，既要保障食物和饲料的充足供应，也要严格把控食品安全和营养健康，以更好地适应民众饮食结构的变化和多元化的消费需求。实践"大食物观"需充分挖掘各类土地资源的潜力，如盐碱地、坡地、旱地及沙土地等，种植苜蓿、青贮玉米、狼尾草等高产高蛋白的优质饲料作物，旨在建立高标准、优质的饲料生产基地。又或是，积极探索食品工业副产品的再利用途径，如将玉米渣、甘蔗渣等转化为饲料资源，以拓宽饲料来源。总的来说，大食物观为我们提供了一个全新的视角和思考框架，指引我们以更全面、可持续的方式保障国家粮食安全和满足人们饮食需求。

三、海南崖州湾种子实验室研发种业创新技术

1. 案例概况[1]

海南崖州湾科技城以重大科研平台项目为支撑，全力加快园区高水平建设。目前，种质资源分子鉴定平台、南繁种业科技众创中心等开放共享平台已建设完成并投入运行。园区开展种业创新关键技术联合攻关，建设服务全国的南繁硅谷。园区近年来一边加快布局"前端检测、田间服务、实验室管理、成果转化、经营创收"的种业全产业链，一边培育关键小件制造和装备测试、深海生物资源和新能源、新材料开发等深海科技产业。园区目前已构建从基础科研、成果转化到企业孵化的良性产业循环，还设立了5支园区基金，为产业发展提供长期稳定的资金。

成立于2021年的种子实验室（以下简称"实验室"），依托南繁科研育种基地，聚焦种子创新中的重大科技问题。实验室瞄准国家粮食安全重大需求和国际科技前沿，围绕种子创新与种业全链条布局，通过统筹整合崖州湾现有科技创新资源和国内优势力量，打造种子精准分子设计创新平台。实验室累计开展76项战略性、前瞻性、基础性重大科学问题和关键核心技术研究，突破"卡脖子"关键核心技术，创制革命性新品种，建立种业创新高地，引领国际生物育种创新发展，形成以海南为中心、辐射全国、面向全球的突破型、引领型、平台型一体化种子科技创新中心，成为保障国家粮食安全、生态安全和产业安全的重要科技战略力量。

经过一年多建设，目前实验室各项制度基本完善，团队建设不断壮大，科研人才集聚效应初显，平台建设快速推进，基地保障能力不断提升，科研工作初显成效。自实验室发布首批项目征集令后，国内外科研团队已累计提交109个揭榜申请，其中30%的申请者为顶尖实验室团队人员。"杂交水稻双季亩产3000斤""抗草地贪夜蛾"

---

〔1〕 案例来源：《三亚崖州湾科技城加快推进重大科技创新平台建设 搭建科创平台 服务种业发展》，载《海南日报》2022年3月24日，第4版；《崖州湾种子实验室着力突破"卡脖子"关键核心技术，助力我国种业高质量发展》，载三亚市人民政府网站，http://www.sanya.gov.cn/sanyasite/syyw/202303/9c5e43bb47b24f66a862d4667f308707.shtml，2023-03-25。

"耐除草剂玉米"等项目目前都已取得初步成果。今后，实验室将在做好种子研究的基础上，打通产学研、串起价值链，受益于海南自贸港种业新型举国体制先行先试及"零关税"政策，依托全球动植物种质资源引进中转基地，助力科研成果"走出去"。

2. 案例研析

种子被喻为农业的"芯片"，是整个农业生产链、价值链之源头，无论是利益分割、整个产业布局还是定价权，都建立在种子自主可控的基础上，升级种子芯片，方能确保"中国碗装满中国粮，中国粮由中国种"。

目前，我国多数粮食育种基地正遭遇一些难题：一是由于基地工作人员缺乏系统的专业培训，导致管理干部的领导力及群众的生产技能有待提升；或是基础设施尚未完善，灌排设施的配套标准未能契合种子生产的实际需求。二是由于我国种子企业规模普遍较小，经济效益不佳，进而导致员工待遇有限，难以吸引并留住优秀的科技人才，从而削弱了企业的科技创新能力，使得自有知识产权的品种匮乏，品种优势不突出，市场占有率也相对较低。三是由于常规农作物种子品种繁多，生产技术门槛低且竞争异样激烈，除个别表现优异的品种外，大多数农作物种子的生产和经营效益均不理想，企业仅依靠低水平的常规种子生产，难以实现快速成长。四是我国种子企业的发展依托自身积累，导致其发展速度相对迟缓。政府对于农作物种子产业的财政投入及政策扶持力度有限，在一定程度上制约了种业发展。

党的二十大报告要求"全方位夯实粮食安全根基"，这为新时代确保国家粮食安全、主动掌握粮食主权提供了根本遵循和实践指导。在新的发展阶段，我国粮食安全保障策略需围绕"自主可控、国内为基、产能稳定、合理进口、科技驱动"的核心原则展开。具体而言，应从加强粮食生产能力、平衡粮食供需关系、减轻外部粮食依赖风险，以及提升在全球粮食安全治理中的地位等方面综合施策。通过构建多维度、高品质、高效能且可持续发展的粮食安全保障体系，确保中国民众的饭碗始终稳固地掌握在自己手中，坚决维护国家粮食安全的主动权。

其一，提升粮食综合生产能力，保障粮食可持续供给。这需要通过提升农业经营规模化水平，优化粮食产业管理效率来实现。传统的小农户、分散经营模式需要逐步转型，通过整合资源，延长粮食产业链条，并增加高附加值的产业环节，以促进粮食产业向更高质量的发展阶段迈进。加强农业科技研发推广，推进粮食产业绿色转型。种业人要落实好"藏粮于技"战略，加强现代化种业科技支撑，深入实施种业振兴行动，通过科技创新保障种源自主可控，实现种业科技自立自强。

其二，强化农作物良种繁育基地建设。在科学规划基地布局前提下，依据地域气候、土壤类型及水资源状况等因素，选择最适合的地点建设繁育基地，确保农作物的最佳生长环境；加大对农作物良种繁育基地建设的投入力度，引导社会资本参与，形成多元化的投资机制；定期举办培训班、邀请专家进行技术指导，提高基地管理人员和生产人员的技术水平；采用科学的耕作方法、合理的施肥和灌溉等措施，提高耕地的肥力和水分的利用效率。

其三，推行种业企业扶优计划，提升种业品牌影响力。这一计划的实施在于充分利用地域资源优势，结合"自主培育"与"外部引进"双重策略，为种业企业发展注入新的活力；激励本土龙头企业通过兼并重组的方式，整合行业内优质资源，形成规模效应；引导企业加大科研投入，推动技术创新和成果转化，提升企业核心竞争力；扶持一批具有实力的种业企业，培育其技术研发、产业带动和市场竞争能力，以形成领军企业。

其四，加大种业科技成果推广应用力度。为提升农作物产量、改善农产品质量、增强农业竞争力，要建立和完善科技成果转化机制，促进科研机构与企业间的紧密合作，将科研成果快速转化为实际生产力；要建立示范田、示范园区等，展示新品种、新技术在农业生产中的优势，引导农民认识和接受新品种、新技术；要组织专家团队，深入田间地头，为农民提供技术指导和培训，帮助他们掌握新品种、新技术的种植和管理方法。

其五，加大政府扶持力度。政府及相关部门应设立专项基金，精准投放种业科技创新、良种繁育基地建设、新品种研发及推广等环节，确保资金有效配置与高效利用；出台税收减免、贷款贴息、土地使用优惠等政策，以降低种业企业的运营成本，增强市场适应力；设立种业人才专项基金、建立种业人才库、举办种业人才培训班等方式，培养具有国际视野和创新能力的种业人才，从而为种业发展构建全面、高效的支持和保障体系，推动我国种业实现高质量发展。

其六，强化粮食安全保障，深化开放合作。在确保国内粮食自给自足的前提下，坚定不移地推进对外开放策略，不断创新和完善农业扶持政策，以促进农业可持续发展；积极主动地参与到农产品国际贸易规则的制定与全球粮食市场秩序的重塑中，为粮食安全营造有利的外部环境；着力扶持和培养具有国际竞争力的农业产业领军企业，鼓励它们携手"走出去"，不仅要在国际粮食市场中扮演重要角色，还要在产业链重构和优化中发挥积极作用，以此提升我国在国际粮食市场上的竞争力和影响力。

第二节　政策、制度（摘录）及拓展研析资料

一、粮食安全领域风险治理政策话语表达（摘录）

1. 2013 年，习近平在中央农村工作会议上讲话指出："保障国家粮食安全的根本在耕地，耕地是粮食生产的命根子。农民可以非农化，但耕地不能非农化。如果耕地都非农化了，我们赖以吃饭的家底就没有了。"

2. 2015 年，中央经济工作会议指出："要继续抓好农业生产，保障农产品有效供给，保障口粮安全，保障农民收入稳定增长，加强农业现代化基础建设，落实藏粮于

地、藏粮于技战略，把资金和政策重点用在保护和提高农业综合生产能力以及农产品质量、效益上。"

3. 2022 年，党的二十大报告指出："全方位夯实粮食安全根基，全面落实粮食安全党政同责，牢牢守住十八亿亩耕地红线，逐步把永久基本农田全部建成高标准农田，深入实施种业振兴行动，强化农业科技和装备支撑，健全种粮农民收益保障机制和主产区利益补偿机制，确保中国人的饭碗牢牢端在自己手中。"

4. 2022 年，习近平在中央农村工作会议上强调："保障粮食和重要农产品稳定安全供给始终是建设农业强国的头等大事。……要抓住耕地和种子两个要害，坚决守住18 亿亩耕地红线，逐步把永久基本农田全部建成高标准农田，把种业振兴行动切实抓出成效，把当家品种牢牢攥在自己手里。……保障粮食安全，要在增产和减损两端同时发力，持续深化食物节约各项行动。要树立大食物观，构建多元化食物供给体系，多途径开发食物来源。"

二、粮食安全领域风险治理制度表达（摘录）

1.《国家安全法》第 22 条："国家健全粮食安全保障体系，保护和提高粮食综合生产能力，完善粮食储备制度、流通体系和市场调控机制，健全粮食安全预警制度，保障粮食供给和质量安全。"

2.《农业法》第 31 条："国家采取措施保护和提高粮食综合生产能力，稳步提高粮食生产水平，保障粮食安全。国家建立耕地保护制度，对基本农田依法实行特殊保护。"

3.《农业法》第 34 条："国家建立粮食安全预警制度，采取措施保障粮食供给。国务院应当制定粮食安全保障目标与粮食储备数量指标，并根据需要组织有关主管部门进行耕地、粮食库存情况的核查。国家对粮食实行中央和地方分级储备调节制度，建设仓储运输体系。承担国家粮食储备任务的企业应当按照国家规定保证储备粮的数量和质量。"

4.《粮食安全保障法》第 2 条："国家粮食安全工作坚持中国共产党的领导，贯彻总体国家安全观，统筹发展和安全，实施以我为主、立足国内、确保产能、适度进口、科技支撑的国家粮食安全战略，坚持藏粮于地、藏粮于技，提高粮食生产、储备、流通、加工能力，确保谷物基本自给、口粮绝对安全。保障国家粮食安全应当树立大食物观，构建多元化食物供给体系，全方位、多途径开发食物资源，满足人民群众对食物品种丰富多样、品质营养健康的消费需求。"

5.《粮食安全保障法》第 7 条："国家加强粮食安全科技创新能力和信息化建设，支持粮食领域基础研究、关键技术研发和标准化工作，完善科技人才培养、评价和激励等机制，促进科技创新成果转化和先进技术、设备的推广使用，提高粮食生产、储备、流通、加工的科技支撑能力和应用水平。"

三、粮食安全领域风险治理拓展研析资料

1. 徐刚：《国际粮食安全态势与中国应对》，载《国家安全研究》2023 年第 3 期。(关注国际粮食安全形势对我国的影响)

2. 罗海平、黄彦平等：《新时期中国粮食安全主要挑战及应对策略》，载《新疆社会科学》2023 年第 4 期。(把握我国粮食安全面临的风险挑战和应对)

3. 李晓云、青平：《粮食安全知识体系与话语体系建设的逻辑思路》，载《华中农业大学学报（社会科学版）》2023 年第 4 期。(关注粮食安全的理论问题)

4. 曾伟：《国际粮食市场波动对我国粮食安全的影响与应对策略》，载《农村经济》2023 年第 7 期。(理解市场变化对粮食安全的影响)

5. 王可山、王海硕等：《粮食安全保障问题研究述评：理论、方法与进展》，载《经济社会体制比较》2025 年第 2 期。(关注粮食安全保障研究情况)

参 考 文 献

一、著作

1. 中共中央党史和文献研究院编：《习近平关于总体国家安全观论述摘编》，北京：中央文献出版社，2018 年。

2. 中共中央宣传部、中央国家安全委员会办公室编：《总体国家安全观学习纲要》，北京：学习出版社、人民出版社，2022 年。

3. 中共中央党史和文献研究院编：《习近平关于国家能源安全论述摘编》，北京：人民出版社，2024 年。

4. 中共中央党史和文献研究院编：《习近平关于国家粮食安全论述摘编》，北京：人民出版社，2023 年。

5. 总体国家安全观研究中心：《总体国家安全观透视：历史长河、全球视野、哲学思维》，北京：时事出版社，2023 年。

6. 全国干部培训教材编审指导委员会组织编写：《全面践行总体国家安全观》，北京：党建读物出版社、人民出版社，2019 年。

7. 中共中央党史和文献研究院编：《习近平关于防范风险挑战、应对突发事件论述摘编》，北京：中央文献出版社，2020 年。

8. 中华人民共和国国务院新闻办公室：《中国的反恐怖主义法律制度体系与实践》，北京：人民出版社，2024 年。

9. 本书编委会编著：《总体国家安全观干部读本》，北京：人民出版社，2016 年。

10. 本书编写组：《总体国家安全观十周年：媒体呈现与传播概览》，北京：人民出版社，2024 年。

11. 本书编写组：《国家安全教育大学生读本》，北京：高等教育出版社，2024 年。

12. 中华人民共和国国务院新闻办公室：《新时代的中国国家安全（2025 年 5 月）》，北京：人民出版社，2025 年。

13. 王林：《新时代国家安全学学科建设研究》，北京：中国政法大学出版社，2025 年。

14. 马方等：《总体国家安全观理论研究》，北京：知识产权出版社，2025 年。

15. 薛澜等：《总体国家安全观研究》，北京：社会科学文献出版社，2024 年。

16. 谢波：《新时代国家安全治理话语体系研究》，北京：清华大学出版社，2024 年。

17. 李翔主编：《推进国家安全体系与能力建设研究》，北京：北京大学出版社，2024 年。

18. 张幼明主编：《中国共产党维护国家安全的理论和实践研究》，北京：人民出版社，2024 年。

19. 于铁军、庄俊举主编：《世界主要国家和地区的国家安全研究：历史、理论与实践》，北京：社会科学文献出版社，2024 年。

20. 赵磊：《国家安全学与总体国家安全观：对若干重点领域的思考》，北京：中国民主法制出版社，2023 年。

21. 王秉：《国家安全系统学导论》，北京：科学出版社，2024 年。

22. 徐蓉：《坚持总体国家安全观》，北京：中共中央党校出版社，2022 年。

23. 王宏伟：《国家安全体系和能力现代化研究》，北京：中国人民大学出版社，2022 年。

24. 范维澄、陈长坤等：《国家安全科学导论》，北京：科学出版社，2021 年。

25. 刘跃进：《刘跃进国家安全文集（下册）》，北京：中国经济出版社，2020 年。

26. 尚伟：《总体国家安全观》，北京：人民日报出版社，2020 年。

27. 侯娜、池志培：《总体国家安全观研究新探》，北京：中国商务出版社，2020 年。

28. 释清仁：《中国共产党国家安全战略思想研究》，北京：人民出版社，2020 年。

29. 张远新、刘旭光等：《中国共产党国家安全思想研究》，上海：复旦大学出版社，2019 年。

30. 本书编写组编著：《总体国家安全观教育读本》，北京：光明日报出版社，2016 年。

31. 周尚君主编：《国家安全法释义与适用》，北京：中国人民大学出版社，2024 年。

32. 孙东方、张彤等：《国家安全法律知识精讲》，北京：国家行政学院出版社，2024 年。

33. 董卫民、沈伟主编：《总体国家安全观法治理论研究》，上海：上海交通大学出版社，2024 年。

34. 马宝成主编：《重大风险防范化解研究》，北京：社会科学文献出版社，2023 年。

35. 刘胜湘等：《世界主要国家政治体制与安全体制研究》，北京：时事出版社，2022 年。

36. 赵莉、傅小强等：《建设平安中国》，北京：中国青年出版社，2022 年。

37. 马瑞映、杨松主编：《新时代高校国家安全教育通论》，北京：高等教育出版社，2021 年。

38. 李大光：《国家安全教育通识课》，北京：北京时代华文书局，2021 年。

39. 钟开斌：《新时代防范化解重大风险基本问题研究》，北京：中共中央党校出版社，2021 年。

40. 张俊国等：《中国共产党争取和维护国家利益的思想及实践》，北京：中国社会科学出版社，2018 年。

41. 刘跃进主编：《国家安全学》，北京：中国政法大学出版社，2004 年。

42. 刘跃进：《刘跃进国家安全文集（上册）》，北京：中国经济出版社，2020 年。

43. 余潇枫主编：《非传统安全概论（第三版·上卷）》，北京：北京大学出版社，2019 年。

44. 余潇枫主编：《非传统安全概论（第三版·下卷）》，北京：北京大学出版社，2020 年。

45. 崔和平：《平安中国：公共安全治理》，北京：国家行政学院出版社，2022 年。

46. 杨新主编：《大学生国家安全教育教程》，南京：南京大学出版社，2023 年。

47. 董卫民、沈伟主编：《非传统安全理论研究：以总体国家安全观为分析框架》，上海：上海交通大学出版社，2024 年。

48. 余潇枫：《非传统安全理论图景》，北京：商务印书馆，2024 年。

49. 臧建国主编：《国家安全法学研究》，长沙：湖南师范大学出版社，2025 年。

50. 姜劲儒：《"大治"所趋：总体国家安全观视域下新时代深化社会治理研究》，北京：国家行政学院出版社，2025 年。

二、文章

1. 国家安全部党委：《深入贯彻习近平法治思想和总体国家安全观 在新征程上推进国家安全体

系和能力现代化》，载《中国信息安全》2023 年第 1 期。

2. 陈向阳：《新征程上学习贯彻总体国家安全观的新思考》，载《国家安全论坛》2025 年第 1 期。

3. 肖晞：《总体国家安全观理论体系创新与对外话语体系构建》，载《社会治理》2025 年第 2 期。

4. 谢波、陈晨：《总体国家安全观的文明基底与理论体系》，载《国家安全研究》2025 年第 1 期。

5. 黄大慧：《思想、制度、战略：从三个维度理解总体国家安全观的创新性》，载《教学与研究》2024 年第 7 期。

6. 董少平：《总体国家安全观的学理阐释和价值意蕴》，载《北京大学学报（哲学社会科学版）》2024 年第 6 期。

7. 张海波：《以原创概念推动国家安全学理论创新与自主知识体系建构》，载《国家安全研究》2024 年第 6 期。

8. 何丽：《总体国家安全观的"总体"特征探析》，载《东岳论丛》2024 年第 5 期。

9. 王义桅、廖欢：《总体国家安全观的中华智慧》，载《理论与改革》2024 年第 3 期。

10. 程琳：《人民安全与总体国家安全观》，载《国家安全研究》2024 年第 2 期。

11. 傅小强：《总体国家安全观的理论建构、实践探索与世界意义》，载《国际安全研究》2024 年第 2 期。

12. 李文良：《总体国家安全观视域下的国家安全学理论研究十年回眸》，载《国际安全研究》2024 年第 2 期。

13. 刘远亮：《总体国家安全观中"以人民安全为宗旨"的内在逻辑与实践进路》，载《世界社会主义研究》2023 年第 8 期。

14. 童成帅、周向军：《习近平总体国家安全观的哲学意蕴》，载《中南大学学报（社会科学版）》2023 年第 6 期。

15. 阙天舒、方彪：《中国式现代化语境下的安全与发展：策略体系与推进路径》，载《社会主义研究》2023 年第 6 期。

16. 马宝成：《坚定不移贯彻总体国家安全观》，载《内蒙古师范大学学报（哲学社会科学版）》2023 年第 5 期。

17. 郭永辉、宋伟锋：《新时代中国特色国家安全体系建构历史演进、机理与路径》，载《黑龙江社会科学》2023 年第 4 期。

18. 袁银传、王馨玥：《总体国家安全观的基本内涵、基本要求和实现路径》，载《思想教育研究》2023 年第 4 期。

19. 傅小强：《以总体国家安全观为指导加快构建新安全格局》，载《世界知识》2023 年第 4 期。

20. 陈向阳：《总体国家安全观护航民族复兴新征程》，载《世界知识》2023 年第 4 期。

21. 王岩：《总体国家安全观的核心要义与实践路径》，载《学习月刊》2023 年第 4 期。

22. 李海涛、唐梓翔：《论总体国家安全观的马克思主义哲学基础》，载《中共中央党校（国家行政学院）学报》2023 年第 4 期。

23. 韩立群：《对总体国家安全观中"总体"和"领域"辩证关系的思考》，载《国家安全研究》

2023 年第 3 期。

24. 粟锋、黄晞：《中国共产党国家安全观演进的历史脉络、基本逻辑及实践启示》，载《贵州省党校学报》2023 年第 3 期。

25. 总体国家安全观研究中心：《深入学习宣传贯彻〈总体国家安全观学习纲要〉》，载《红旗文稿》2022 年第 16 期。

26. 唐永胜：《坚定不移贯彻总体国家安全观》，载《中国党政干部论坛》2022 年第 11 期。

27. 张宇伯、王丹：《习近平总体国家安全观的三重意蕴：生成渊源、价值关切和时代观照》，载《学术探索》2022 年第 10 期。

28. 刘自雄、雷跃捷：《总体国家安全观的思想内涵与传播实践》，载《传媒观察》2022 年第 10 期。

29. 郭群英、夏雪：《总体国家安全观的实践成就及经验启示》，载《治理现代化研究》2022 年第 6 期。

30. 戴长征、毛闰铎：《从安全困境、发展安全到总体国家安全观——当代国家安全理念的变迁与超越》，载《吉林大学社会科学学报》2022 年第 6 期。

31. 高翔莲、杨俊：《习近平总体国家安全观：谋大局、应变局、创新局的理论遵循》，载《吉首大学学报（社会科学版）》2022 年第 4 期。

32. 董春岭：《系统思维视域下的总体国家安全观》，载《国家安全研究》2022 年第 4 期。

33. 于洪君：《以总体国家安全观为指导 统筹安全与发展新格局》，载《公共外交季刊》2022 年第 3 期。

34. 于江：《关于习近平外交思想与总体国家安全观的战略思考》，载《国家安全研究》2022 年第 3 期。

35. 姚晗：《习近平总体国家安全观的系统原理》，载《中国政法大学学报》2022 年第 2 期。

36. 王利文、李国选：《论总体国家安全观生成的基本逻辑》，载《邓小平研究》2022 年第 2 期。

37. 戴开成、李红革：《习近平总体国家安全观系统思维研究》，载《湖南社会科学》2022 年第 1 期。

38. 李志斐：《总体国家安全观与全球安全治理的中国方向》，载《中共中央党校（国家行政学院）学报》2022 年第 1 期。

39. 肖晞、王一民：《中国共产党百年国家安全思想发展分析论》，载《太平洋学报》2021 年第 11 期。

40. 李建伟：《总体国家安全观的理论要义阐释》，载《政治与法律》2021 年第 10 期。

41. 韩冰：《总体国家安全观的传承超越与独创性贡献》，载《东岳论丛》2021 年第 9 期。

42. 马振清：《总体国家安全观对中华民族伟大复兴的重要意义》，载《人民论坛》2021 年第 8 期。

43. 袁鹏：《对总体国家安全观理论体系的战略思考》，载《现代国际关系》2021 年第 7 期。

44. 汪明：《以总体国家安全观为指导，全面推进国家安全教育》，载《中国教师》2021 年第 7 期。

45. 王灵桂：《总体国家安全观与中国共产党国家安全思想的传承创新》，载《现代国际关系》2021 年第 7 期。

46. 徐步：《理解和把握总体国家安全观的三个维度》，载《现代国际关系》2021 年第 7 期。

47. 傅小强：《准确把握总体国家安全观方法论》，载《现代国际关系》2021 年第 7 期。

48. 陈向阳：《总体国家安全观是护航民族复兴的强大理论武器》，载《现代国际关系》2021 年第 7 期。

49. 董慧：《总体国家安全观的哲学内涵与时代价值》，载《思想理论教育》2021 年第 6 期。

50. 邬超、殷亚硕：《总体国家安全观"五个统筹"理念的历史演变、内在逻辑与实践原则》，载《江南社会学院学报》2021 年第 4 期。

51. 陆忠伟：《全面践行总体国家安全观 塑造有利的国家安全态势》，载《俄罗斯研究》2021 年第 4 期。

52. 陈向阳：《总体国家安全观是维护中国和全球安全的强大理论武器》，载《当代中国与世界》2021 年第 3 期。

53. 齐琳：《中国总体国家安全观的建构历程及其特征》，载《区域与全球发展》2021 年第 3 期。

54. 袁鹏：《统筹发展和安全 构建大安全格局》，载《旗帜》2021 年第 2 期。

55. 马海群、李钟隽等：《中国特色总体国家安全观逻辑建构解读》，载《情报探索》2020 年第 11 期。

56. 石俊杰：《人类命运共同体理念下的"总体国家安全观"研究——对西方国际安全观的超越》，载《重庆大学学报（社会科学版）》2020 年第 6 期。

57. 江锡华：《总体国家安全观大格局思维分析》，载《毛泽东邓小平理论研究》2020 年第 5 期。

58. 孙东方：《坚持总体国家安全观 防范化解重大风险》，载《中国党政干部论坛》2020 年第 5 期。

59. 刘光远：《贯彻总体国家安全观必须坚持以人民安全为宗旨》，载《学习月刊》2020 年第 5 期。

60. 马宝成：《总体国家安全观：一项战略学的分析》，载《公安学研究》2020 年第 3 期。

61. 郑旭涛：《总体国家安全观：新时代中国国家治理的重要指导思想》，载《学习与探索》2020 年第 1 期。

62. 杨海：《总体国家安全观中的"总体性"探析》，载《马克思主义研究》2019 年第 12 期。

63. 孙东方：《习近平总体国家安全观核心要义与实践要求》，载《理论视野》2019 年第 12 期。

64. 刘箴：《习近平总体国家安全观的理论品质和方法论特征》，载《湖南行政学院学报》2019 年第 6 期。

65. 柏坤、张伟：《浅析总体国家安全观对马克思主义基本原理的运用》，载《当代世界》2019 年第 6 期。

66. 陈维：《总体国家安全观：全球安全治理的中国智慧》，载《党建》2019 年第 6 期。

67. 蒋华福：《总体国家安全观的战略体系与思维方法》，载《党建研究》2019 年第 6 期。

68. 马宝成：《全面践行总体国家安全观 着力防范化解重大风险》，载《行政管理改革》2019 年第 4 期。

69. 王宏伟：《准确理解总体国家安全观的科学内涵》，载《旗帜》2019 年第 4 期。

70. 陈向阳：《用总体国家安全观塑造新时代中国国家安全：纪念习近平总书记总体国家安全观提出五周年》，载《江南社会学院学报》2019 年第 1 期。

71. "总体国家安全观十周年回顾与展望",载《国际经济评论》2024 年第 5 期。

72. "总体国家安全观十周年"笔谈,载《国家安全论坛》2024 年第 3 期。

73. "总体国家安全观理论与实践专题研讨",载《国家安全研究》2024 年第 2 期。

74. 范维澄:《为国家安全和社会稳定提供学理支撑》,载《人民日报》2024 年 1 月 29 日,第 9 版。

75. 戴长征:《系统观念视角下的总体国家安全观》,载《中国社会科学报》2022 年 12 月 15 日,第 5 版。

76. 金歆:《全面贯彻落实总体国家安全观》,载《人民日报》2022 年 9 月 20 日,第 9 版。

77. 袁鹏:《为党和国家兴旺发达、长治久安提供有力保证》,载《人民日报》2022 年 8 月 5 日,第 11 版。

78. 曹诗权:《坚持总体国家安全观》,载《人民日报》2022 年 8 月 5 日,第 11 版。

79. 袁鹏:《新时代维护和塑造国家安全的根本遵循:学习〈总体国家安全观学习纲要〉》,载《人民日报》2022 年 4 月 26 日,第 11 版。

80. 仲音:《树牢总体国家安全观》,载《人民日报》2022 年 4 月 15 日,第 2 版。

81. 孙叶青:《总体国家安全观具有人民性特征》,载《中国社会科学报》2021 年 9 月 9 日,第 1 版。

82. 蔡艺生、黄学儒:《总体国家安全观中的"总体"概念探微》,《河南警察学院学报》2025 年第 2 期。

83. 程春凤:《总体国家安全观的哲学意蕴及现实意义》,载《黑龙江省社会主义学院学报》2025 年第 1 期。

84. 蒋华林:《总体国家安全观价值构造的三维阐释》,载《南京航空航天大学学报(社会科学版)》2025 年第 1 期。

85. 谢波、陈晨:《总体国家安全观创新发展的三种谱系及其理论贡献》,载《中国刑警学院学报》2025 年第 1 期。

86. 谢波、王颖:《推进国家安全理论体系化、学理化的价值、视野与路径》,载《长沙理工大学学报(社会科学版)》2025 年第 1 期。

87. 余潇枫:《全力建设更高水平平安中国》,载《人民论坛》2024 年第 15 期。

88. 李大光:《总体国家安全观的哲学智慧探析》,载《人民论坛·学术前沿》2024 年第 11 期。

89. 吴智楠、陈金龙:《中国式现代化与国家安全的三重逻辑》,载《思想教育研究》2024 年第 9 期。

90. 程同顺、唐康:《以总体性把握和践行总体国家安全观》,载《治理现代化研究》2024 年第 6 期。

91. 虞文梁:《习近平总书记关于国家安全法治重要论述研究》,载《公安学研究》2024 年第 5 期。

92. 陈彩云:《基于文献计量的总体国家安全观十年研究态势与展望》,载《中共南京市委党校学报》2024 年第 5 期。

93. 欧阳霞、刘钰妃:《系统观念视角下总体国家安全观探析》,载《河南警察学院学报》2024 年第 5 期。

94. 陈向阳：《对总体国家安全观理论与战略创新的前沿思考》，载《江南社会学院学报》2024年第 3 期。

95. 李家富、刘一杉：《总体国家安全观的世界观和方法论意蕴》，载《马克思主义哲学》2024年第 3 期。

96. 马方：《系统构建国家安全法治实施体系》，载《理论探索》2022 年第 1 期。

97. 王强强：《从战略思想到法律制度：总体国家安全观入法的理路探究》，载《深圳社会科学》2023 年第 6 期。

98. 谢波、刘欣悦：《总体国家安全观法治化的演进历程、理论逻辑与实践进路》，载《中共桂林市委党校学报》2024 年第 4 期。

99. 刘远亮：《总体国家安全观赋能全球安全治理的逻辑与路向》，载《吉首大学学报（社会科学版）》2024 年第 6 期。

100. 孙菊红：《习近平关于总体国家安全观的丰富内涵、实践伟力和未来展望》，载《观察与思考》2024 年第 12 期。

101. 宋伟：《从国际比较把握总体国家安全观的科学内涵与实践路径》，载《人民论坛》2024 年第 22 期。

102. 刘福强、尤秋丽等：《总体国家安全观中"总体"与"领域"相统一的辩证关系探索》，载《大庆社会科学》2025 年第 1 期。

103. 颜青、王敏：《总体国家安全观视域下中华优秀传统文化的创新研究》，载《军事文化研究》2025 年第 2 期。

104. 汪明、李韬等：《人工智能时代的国家安全》，载《社会治理》2025 年第 2 期。

105. 邱静：《数字时代的国家安全探析》，载《电子科技大学学报（社科版）》2025 年第 2 期。

106. 余守萍：《总体国家安全观研究现状分析及未来进路》，载《中共合肥市委党校学报》2025 年第 2 期。

107. 倪铁：《总体国家安全观视野下"国家安全"法律概念的逻辑建构》，载《法学》2025 年第 6 期。

108. 巩小豪、傅小强：《新时代中国国家安全成功之道——解读〈新时代的中国国家安全〉白皮书》，载《世界知识》2025 年第 12 期。

附　录

总体国家安全观相关政策辑录

【关键点：设立国家安全委员会】

中共中央关于全面深化改革若干重大问题的决定[1]

(2013 年 11 月 12 日中国共产党第十八届中央委员会第三次全体会议通过)

……

十三、创新社会治理体制

创新社会治理，必须着眼于维护最广大人民根本利益，最大限度增加和谐因素，增强社会发展活力，提高社会治理水平，全面推进平安中国建设，维护国家安全，确保人民安居乐业、社会安定有序。

(47) 改进社会治理方式。坚持系统治理，加强党委领导，发挥政府主导作用，鼓励和支持社会各方面参与，实现政府治理和社会自我调节、居民自治良性互动。坚持依法治理，加强法治保障，运用法治思维和法治方式化解社会矛盾。坚持综合治理，强化道德约束，规范社会行为，调节利益关系，协调社会关系，解决社会问题。坚持源头治理，标本兼治、重在治本，以网格化管理、社会化服务为方向，健全基层综合服务管理平台，及时反映和协调人民群众各方面各层次利益诉求。

(48) 激发社会组织活力。正确处理政府和社会关系，加快实施政社分开，推进社会组织明确权责、依法自治、发挥作用。适合由社会组织提供的公共服务和解决的事项，交由社会组织承担。支持和发展志愿服务组织。限期实现行业协会商会与行政机关真正脱钩，重点培育和优先发展行业协会商会类、科技类、公益慈善类、城乡社区服务类社会组织，成立时直接依法申请登记。加强对社会组织和在华境外非政府组织的管理，引导它们依法开展活动。

(49) 创新有效预防和化解社会矛盾体制。健全重大决策社会稳定风险评估机制。建立畅通有序的诉求表达、心理干预、矛盾调处、权益保障机制，使群众问题能反映、矛盾能化解、权益有保障。

改革行政复议体制，健全行政复议案件审理机制，纠正违法或不当行政行为。完善人民调解、行政调解、司法调解联动工作体系，建立调处化解矛盾纠纷综合机制。

---

[1] 《中共中央关于全面深化改革若干重大问题的决定》，北京，人民出版社 2013 年版，第 49-52 页。

改革信访工作制度，实行网上受理信访制度，健全及时就地解决群众合理诉求机制。把涉法涉诉信访纳入法治轨道解决，建立涉法涉诉信访依法终结制度。

（50）健全公共安全体系。完善统一权威的食品药品安全监管机构，建立最严格的覆盖全过程的监管制度，建立食品原产地可追溯制度和质量标识制度，保障食品药品安全。深化安全生产管理体制改革，建立隐患排查治理体系和安全预防控制体系，遏制重特大安全事故。健全防灾减灾救灾体制。加强社会治安综合治理，创新立体化社会治安防控体系，依法严密防范和惩治各类违法犯罪活动。

坚持积极利用、科学发展、依法管理、确保安全的方针，加大依法管理网络力度，加快完善互联网管理领导体制，确保国家网络和信息安全。

设立国家安全委员会，完善国家安全体制和国家安全战略，确保国家安全。

【关键点：出台《国家安全战略纲要》；国家安全法治】
中央政治局召开会议 审议通过《国家安全战略纲要》审议关于 2014 年贯彻执行中央八项规定情况的报告 习近平主持会议[1]

中共中央政治局 1 月 23 日召开会议，审议通过《国家安全战略纲要》；听取全国人大常委会、国务院、全国政协、最高人民法院、最高人民检察院党组向中央政治局常委会汇报工作的综合情况报告；听取关于 2014 年贯彻执行中央八项规定情况的汇报，研究部署下一步改进作风工作。中共中央总书记习近平主持会议。

会议认为，当前，国际形势风云变幻，我国经济社会发生深刻变化，改革进入攻坚期和深水区，社会矛盾多发叠加，各种可以预见和难以预见的安全风险挑战前所未有，必须始终增强忧患意识，做到居安思危。制定和实施《国家安全战略纲要》，是有效维护国家安全的迫切需要，是完善中国特色社会主义制度、推进国家治理体系和治理能力现代化的必然要求。在新形势下维护国家安全，必须坚持以总体国家安全观为指导，坚决维护国家核心和重大利益，以人民安全为宗旨，在发展和改革开放中促安全，走中国特色国家安全道路。要做好各领域国家安全工作，大力推进国家安全各种保障能力建设，把法治贯穿于维护国家安全的全过程。

会议提出，坚持正确义利观，实现全面、共同、合作、可持续安全，在积极维护我国利益的同时，促进世界各国共同繁荣。运筹好大国关系，塑造周边安全环境，加强同发展中国家的团结合作，积极参与地区和全球治理，为世界和平与发展作出应有贡献。

会议强调，国家安全是安邦定国的重要基石。必须毫不动摇坚持中国共产党对国家安全工作的绝对领导，坚持集中统一、高效权威的国家安全工作领导体制。要加强国家安全意识教育，努力打造一支高素质的国家安全专业队伍。

---

〔1〕《中央政治局召开会议 审议通过〈国家安全战略纲要〉 审议关于 2014 年贯彻执行中央八项规定情况的报告 习近平主持会议》，载《人民日报》2015 年 1 月 24 日，第 1 版。

【关键点：社会治理中的国家安全】

决胜全面建成小康社会 夺取新时代中国特色社会主义伟大胜利——

在中国共产党第十九次全国代表大会上的报告[1]

（2017 年 10 月 18 日）

……

三、新时代中国特色社会主义思想和基本方略

……

（十）坚持总体国家安全观。统筹发展和安全，增强忧患意识，做到居安思危，是我们党治国理政的一个重大原则。必须坚持国家利益至上，以人民安全为宗旨，以政治安全为根本，统筹外部安全和内部安全、国土安全和国民安全、传统安全和非传统安全、自身安全和共同安全，完善国家安全制度体系，加强国家安全能力建设，坚决维护国家主权、安全、发展利益。

……

以上十四条，构成新时代坚持和发展中国特色社会主义的基本方略。全党同志必须全面贯彻党的基本理论、基本路线、基本方略，更好引领党和人民事业发展。

实践没有止境，理论创新也没有止境。世界每时每刻都在发生变化，中国也每时每刻都在发生变化，我们必须在理论上跟上时代，不断认识规律，不断推进理论创新、实践创新、制度创新、文化创新以及其他各方面创新。

……

八、提高保障和改善民生水平，加强和创新社会治理

……

（七）有效维护国家安全。国家安全是安邦定国的重要基石，维护国家安全是全国各族人民根本利益所在。要完善国家安全战略和国家安全政策，坚决维护国家政治安全，统筹推进各项安全工作。健全国家安全体系，加强国家安全法治保障，提高防范和抵御安全风险能力。严密防范和坚决打击各种渗透颠覆破坏活动、暴力恐怖活动、民族分裂活动、宗教极端活动。加强国家安全教育，增强全党全国人民国家安全意识，推动全社会形成维护国家安全的强大合力。

---

〔1〕 习近平：《决胜全面建成小康社会 夺取新时代中国特色社会主义伟大胜利》，北京，人民出版社 2017 年版，第 24、26、49-50 页。

【关键点：社会治理制度与国家安全体系】
中共中央关于坚持和完善中国特色社会主义制度 推进国家治理体系和治理能力现代化若干重大问题的决定[1]

（2019 年 10 月 31 日中国共产党第十九届中央委员会第四次全体会议通过）

……

九、坚持和完善共建共治共享的社会治理制度，保持社会稳定、维护国家安全

社会治理是国家治理的重要方面。必须加强和创新社会治理，完善党委领导、政府负责、民主协商、社会协同、公众参与、法治保障、科技支撑的社会治理体系，建设人人有责、人人尽责、人人享有的社会治理共同体，确保人民安居乐业、社会安定有序，建设更高水平的平安中国。

（一）完善正确处理新形势下人民内部矛盾有效机制。坚持和发展新时代"枫桥经验"，畅通和规范群众诉求表达、利益协调、权益保障通道，完善信访制度，完善人民调解、行政调解、司法调解联动工作体系，健全社会心理服务体系和危机干预机制，完善社会矛盾纠纷多元预防调处化解综合机制，努力将矛盾化解在基层。

（二）完善社会治安防控体系。坚持专群结合、群防群治，提高社会治安立体化、法治化、专业化、智能化水平，形成问题联治、工作联动、平安联创的工作机制，提高预测预警预防各类风险能力，增强社会治安防控的整体性、协同性、精准性。

（三）健全公共安全体制机制。完善和落实安全生产责任和管理制度，建立公共安全隐患排查和安全预防控制体系。构建统一指挥、专常兼备、反应灵敏、上下联动的应急管理体制，优化国家应急管理能力体系建设，提高防灾减灾救灾能力。加强和改进食品药品安全监管制度，保障人民身体健康和生命安全。

（四）构建基层社会治理新格局。完善群众参与基层社会治理的制度化渠道。健全党组织领导的自治、法治、德治相结合的城乡基层治理体系，健全社区管理和服务机制，推行网格化管理和服务，发挥群团组织、社会组织作用，发挥行业协会商会自律功能，实现政府治理和社会调节、居民自治良性互动，夯实基层社会治理基础。加快推进市域社会治理现代化。推动社会治理和服务重心向基层下移，把更多资源下沉到基层，更好提供精准化、精细化服务。注重发挥家庭家教家风在基层社会治理中的重要作用。加强边疆治理，推进兴边富民。

（五）完善国家安全体系。坚持总体国家安全观，统筹发展和安全，坚持人民安全、政治安全、国家利益至上有机统一。以人民安全为宗旨，以政治安全为根本，以经济安全为基础，以军事、科技、文化、社会安全为保障，健全国家安全体系，增强国家安全能力。完善集中统一、高效权威的国家安全领导体制，健全国家安全法律制

---

〔1〕《中共中央关于坚持和完善中国特色社会主义制度 推进国家治理体系和治理能力现代化若干重大问题的决定》，北京，人民出版社 2019 年版，第 28-30 页。

度体系。加强国家安全人民防线建设，增强全民国家安全意识，建立健全国家安全风险研判、防控协同、防范化解机制。提高防范抵御国家安全风险能力，高度警惕、坚决防范和严厉打击敌对势力渗透、破坏、颠覆、分裂活动。

【关键点：统筹发展和安全】
中共中央关于制定国民经济和社会发展第十四个五年规划和二○三五年远景目标的建议[1]
（2020 年 10 月 29 日中国共产党第十九届中央委员会第五次全体会议通过）

......

十三、统筹发展和安全，建设更高水平的平安中国

坚持总体国家安全观，实施国家安全战略，维护和塑造国家安全，统筹传统安全和非传统安全，把安全发展贯穿国家发展各领域和全过程，防范和化解影响我国现代化进程的各种风险，筑牢国家安全屏障。

49．加强国家安全体系和能力建设。完善集中统一、高效权威的国家安全领导体制，健全国家安全法治体系、战略体系、政策体系、人才体系和运行机制，完善重要领域国家安全立法、制度、政策。健全国家安全审查和监管制度，加强国家安全执法。加强国家安全宣传教育，增强全民国家安全意识，巩固国家安全人民防线。坚定维护国家政权安全、制度安全、意识形态安全，全面加强网络安全保障体系和能力建设。严密防范和严厉打击敌对势力渗透、破坏、颠覆、分裂活动。

50．确保国家经济安全。加强经济安全风险预警、防控机制和能力建设，实现重要产业、基础设施、战略资源、重大科技等关键领域安全可控。实施产业竞争力调查和评价工程，增强产业体系抗冲击能力。确保粮食安全，保障能源和战略性矿产资源安全。维护水利、电力、供水、油气、交通、通信、网络、金融等重要基础设施安全，提高水资源集约安全利用水平。维护金融安全，守住不发生系统性风险底线。确保生态安全，加强核安全监管，维护新型领域安全。构建海外利益保护和风险预警防范体系。

51．保障人民生命安全。坚持人民至上、生命至上，把保护人民生命安全摆在首位，全面提高公共安全保障能力。完善和落实安全生产责任制，加强安全生产监管执法，有效遏制危险化学品、矿山、建筑施工、交通等重特大安全事故。强化生物安全保护，提高食品药品等关系人民健康产品和服务的安全保障水平。提升洪涝干旱、森林草原火灾、地质灾害、地震等自然灾害防御工程标准，加快江河控制性工程建设，加快病险水库除险加固，全面推进堤防和蓄滞洪区建设。完善国家应急管理体系，加强应急物资保障体系建设，发展巨灾保险，提高防灾、减灾、抗灾、救灾能力。

---

〔1〕《中共中央关于制定国民经济和社会发展第十四个五年规划和二○三五年远景目标的建议》，北京，人民出版社 2020 年版，第 36－38 页。

52. 维护社会稳定和安全。正确处理新形势下人民内部矛盾，坚持和发展新时代"枫桥经验"，畅通和规范群众诉求表达、利益协调、权益保障通道，完善信访制度，完善各类调解联动工作体系，构建源头防控、排查梳理、纠纷化解、应急处置的社会矛盾综合治理机制。健全社会心理服务体系和危机干预机制。坚持专群结合、群防群治，加强社会治安防控体系建设，坚决防范和打击暴力恐怖、黑恶势力、新型网络犯罪和跨国犯罪，保持社会和谐稳定。

【关键点：维护国家安全的历史性成就和历史性变革】
中共中央关于党的百年奋斗重大成就和历史经验的决议[1]
（2021 年 11 月 11 日中国共产党第十九届中央委员会第六次全体会议通过）
四、开创中国特色社会主义新时代
……

以习近平同志为核心的党中央，以伟大的历史主动精神、巨大的政治勇气、强烈的责任担当，统筹国内国际两个大局，贯彻党的基本理论、基本路线、基本方略，统揽伟大斗争、伟大工程、伟大事业、伟大梦想，坚持稳中求进工作总基调，出台一系列重大方针政策，推出一系列重大举措，推进一系列重大工作，战胜一系列重大风险挑战，解决了许多长期想解决而没有解决的难题，办成了许多过去想办而没有办成的大事，推动党和国家事业取得历史性成就、发生历史性变革。
……

（十一）在维护国家安全上

改革开放以后，党高度重视正确处理改革发展稳定关系，把维护国家安全和社会安定作为党和国家的一项基础性工作来抓，为改革开放和社会主义现代化建设营造了良好安全环境。进入新时代，我国面临更为严峻的国家安全形势，外部压力前所未有，传统安全威胁和非传统安全威胁相互交织，"黑天鹅""灰犀牛"事件时有发生。同形势任务要求相比，我国维护国家安全能力不足，应对各种重大风险能力不强，维护国家安全的统筹协调机制不健全。党中央强调，国泰民安是人民群众最基本、最普遍的愿望。必须坚持底线思维、居安思危、未雨绸缪，坚持国家利益至上，以人民安全为宗旨，以政治安全为根本，以经济安全为基础，以军事、科技、文化、社会安全为保障，以促进国际安全为依托，统筹发展和安全，统筹开放和安全，统筹传统安全和非传统安全，统筹自身安全和共同安全，统筹维护国家安全和塑造国家安全。

习近平同志强调保证国家安全是头等大事，提出总体国家安全观，涵盖政治、军事、国土、经济、文化、社会、科技、网络、生态、资源、核、海外利益、太空、深

---

[1] 《中共中央关于党的百年奋斗重大成就和历史经验的决议》，北京，人民出版社 2021 年版，第 27 页、第 55-57 页。

海、极地、生物等诸多领域，要求全党增强斗争精神、提高斗争本领，落实防范化解各种风险的领导责任和工作责任。党中央深刻认识到，面对来自外部的各种围堵、打压、捣乱、颠覆活动，必须发扬不信邪、不怕鬼的精神，同企图颠覆中国共产党领导和我国社会主义制度、企图迟滞甚至阻断中华民族伟大复兴进程的一切势力斗争到底，一味退让只能换来得寸进尺的霸凌，委曲求全只能招致更为屈辱的境况。

党着力推进国家安全体系和能力建设，设立中央国家安全委员会，完善集中统一、高效权威的国家安全领导体制，完善国家安全法治体系、战略体系和政策体系，建立国家安全工作协调机制和应急管理机制。党把安全发展贯穿国家发展各领域全过程，注重防范化解影响我国现代化进程的重大风险，坚定维护国家政权安全、制度安全、意识形态安全，加强国家安全宣传教育和全民国防教育，巩固国家安全人民防线，推进兴边富民、稳边固边，严密防范和严厉打击敌对势力渗透、破坏、颠覆、分裂活动，顶住和反击外部极端打压遏制，开展涉港、涉台、涉疆、涉藏、涉海等斗争，加快建设海洋强国，有效维护国家安全。

党的十八大以来，国家安全得到全面加强，经受住了来自政治、经济、意识形态、自然界等方面的风险挑战考验，为党和国家兴旺发达、长治久安提供了有力保证。

【关键点：出台首部国家安全战略；新安全格局；五个坚持；十项任务】
中共中央政治局召开会议 审议《国家安全战略（2021—2025年）》
《军队功勋荣誉表彰条例》和《国家科技咨询委员会2021年咨询报告》
中共中央总书记习近平主持会议[1]

中共中央政治局11月18日召开会议，审议《国家安全战略（2021—2025年）》《军队功勋荣誉表彰条例》和《国家科技咨询委员会2021年咨询报告》。中共中央总书记习近平主持会议。

会议指出，新形势下维护国家安全，必须牢固树立总体国家安全观，加快构建新安全格局。必须坚持党的绝对领导，完善集中统一、高效权威的国家安全工作领导体制，实现政治安全、人民安全、国家利益至上相统一；坚持捍卫国家主权和领土完整，维护边疆、边境、周边安定有序；坚持安全发展，推动高质量发展和高水平安全动态平衡；坚持总体战，统筹传统安全和非传统安全；坚持走和平发展道路，促进自身安全和共同安全相协调。

会议强调，必须坚持把政治安全放在首要位置，统筹做好政治安全、经济安全、社会安全、科技安全、新型领域安全等重点领域、重点地区、重点方向国家安全工作。

〔1〕《中共中央政治局召开会议 审议〈国家安全战略（二〇二一--二〇二五年）〉〈军队功勋荣誉表彰条例〉和〈国家科技咨询委员会二〇二一年咨询报告〉中共中央总书记习近平主持会议》，载《人民日报》2021年11月19日，第1版。

要坚定维护国家政权安全、制度安全、意识形态安全，严密防范和坚决打击各种渗透颠覆破坏活动。要增强产业韧性和抗冲击能力，筑牢防范系统性金融风险安全底线，确保粮食安全、能源矿产安全、重要基础设施安全，加强海外利益安全保护。要强化科技自立自强作为国家安全和发展的战略支撑作用。要积极维护社会安全稳定，从源头上预防和减少社会矛盾，防范遏制重特大安全生产事故，提高食品药品等关系人民健康产品和服务的安全保障水平。要持续做好新冠肺炎疫情防控，加快提升生物安全、网络安全、数据安全、人工智能安全等领域的治理能力。要积极营造良好外部环境，坚持独立自主，在国家核心利益、民族尊严问题上决不退让，坚决维护国家主权、安全、发展利益；树立共同、综合、合作、可持续的全球安全观，加强安全领域合作，维护全球战略稳定，携手应对全球性挑战，推动构建人类命运共同体。要全面提升国家安全能力，更加注重协同高效，更加注重法治思维，更加注重科技赋能，更加注重基层基础。要坚持以政治建设为统领，打造坚强的国家安全干部队伍。要加强国家安全意识教育，自觉推进发展和安全深度融合。

【关键点：国家安全体系和能力现代化；国家安全和社会稳定】
高举中国特色社会主义伟大旗帜 为全面建设社会主义现代化国家而团结奋斗
——在中国共产党第二十次全国代表大会上的报告[1]
（2022 年 10 月 16 日）

……

一、过去五年的工作和新时代十年的伟大变革

……

十年来，我们坚持马克思列宁主义、毛泽东思想、邓小平理论、"三个代表"重要思想科学发展观，全面贯彻新时代中国特色社会主义思想，全面贯彻党的基本路线、基本方略，采取一系列战略性举措，推进一系列变革性实践，实现一系列突破性进展，取得一系列标志性成果，经受住了来自政治、经济、意识形态、自然界等方面的风险挑战考验，党和国家事业取得历史性成就、发生历史性变革，推动我国迈上全面建设社会主义现代化国家新征程。

……

——我们贯彻总体国家安全观，国家安全领导体制和法治体系、战略体系、政策体系不断完善，在原则问题上寸步不让，以坚定的意志品质维护国家主权、安全、发展利益，国家安全得到全面加强。共建共治共享的社会治理制度进一步健全，民族分裂势力、宗教极端势力、暴力恐怖势力得到有效遏制，扫黑除恶专项斗争取得阶段性

〔1〕习近平：《高举中国特色社会主义伟大旗帜 为全面建设社会主义现代化国家而团结奋斗：在中国共产党第二十次全国代表大会上的报告》，北京，人民出版社 2022 年版，第 6 页、第 11-12 页、第 24-25 页、第 52-54 页。

成果，有力应对一系列重大自然灾害，平安中国建设迈向更高水平。

......

三、新时代新征程中国共产党的使命任务

从现在起，中国共产党的中心任务就是团结带领全国各族人民全面建成社会主义现代化强国、实现第二个百年奋斗目标，以中国式现代化全面推进中华民族伟大复兴。

......

全面建成社会主义现代化强国，总的战略安排是分两步走：从二〇二〇年到二〇三五年基本实现社会主义现代化；从二〇三五年到本世纪中叶把我国建成富强民主文明和谐美丽的社会主义现代化强国。

到二〇三五年，我国发展的总体目标是：经济实力、科技实力、综合国力大幅跃升，人均国内生产总值迈上新的大台阶，达到中等发达国家水平；实现高水平科技自立自强，进入创新型国家前列；建成现代化经济体系，形成新发展格局，基本实现新型工业化、信息化、城镇化、农业现代化；基本实现国家治理体系和治理能力现代化，全过程人民民主制度更加健全，基本建成法治国家、法治政府、法治社会；建成教育强国、科技强国、人才强国、文化强国、体育强国、健康中国，国家文化软实力显著增强；人民生活更加幸福美好，居民人均可支配收入再上新台阶，中等收入群体比重明显提高，基本公共服务实现均等化，农村基本具备现代生活条件，社会保持长期稳定，人的全面发展、全体人民共同富裕取得更为明显的实质性进展；广泛形成绿色生产生活方式，碳排放达峰后稳中有降，生态环境根本好转，美丽中国目标基本实现；国家安全体系和能力全面加强，基本实现国防和军队现代化。

......

未来五年是全面建设社会主义现代化国家开局起步的关键时期，主要目标任务是：经济高质量发展取得新突破，科技自立自强能力显著提升，构建新发展格局和建设现代化经济体系取得重大进展；改革开放迈出新步伐，国家治理体系和治理能力现代化深入推进，社会主义市场经济体制更加完善，更高水平开放型经济新体制基本形成；全过程人民民主制度化、规范化、程序化水平进一步提高，中国特色社会主义法治体系更加完善；人民精神文化生活更加丰富，中华民族凝聚力和中华文化影响力不断增强；居民收入增长和经济增长基本同步，劳动报酬提高与劳动生产率提高基本同步，基本公共服务均等化水平明显提升，多层次社会保障体系更加健全；城乡人居环境明显改善，美丽中国建设成效显著；国家安全更为巩固，建军一百年奋斗目标如期实现，平安中国建设扎实推进；中国国际地位和影响进一步提高，在全球治理中发挥更大作用。

......

十一、推进国家安全体系和能力现代化，坚决维护国家安全和社会稳定

国家安全是民族复兴的根基，社会稳定是国家强盛的前提。必须坚定不移贯彻总

体国家安全观，把维护国家安全贯穿党和国家工作各方面全过程，确保国家安全和社会稳定。

我们要坚持以人民安全为宗旨、以政治安全为根本、以经济安全为基础、以军事科技文化社会安全为保障、以促进国际安全为依托，统筹外部安全和内部安全、国土安全和国民安全、传统安全和非传统安全、自身安全和共同安全，统筹维护和塑造国家安全，夯实国家安全和社会稳定基层基础，完善参与全球安全治理机制，建设更高水平的平安中国，以新安全格局保障新发展格局。

（一）健全国家安全体系。坚持党中央对国家安全工作的集中统一领导，完善高效权威的国家安全领导体制。强化国家安全工作协调机制，完善国家安全法治体系、战略体系、政策体系、风险监测预警体系、国家应急管理体系，完善重点领域安全保障体系和重要专项协调指挥体系，强化经济、重大基础设施、金融、网络、数据、生物、资源、核、太空、海洋等安全保障体系建设。健全反制裁、反干涉、反"长臂管辖"机制。完善国家安全力量布局，构建全域联动、立体高效的国家安全防护体系。

（二）增强维护国家安全能力。坚定维护国家政权安全、制度安全、意识形态安全，加强重点领域安全能力建设，确保粮食、能源资源、重要产业链供应链安全，加强海外安全保障能力建设，维护我国公民、法人在海外合法权益，维护海洋权益，坚定捍卫国家主权、安全、发展利益。提高防范化解重大风险能力，严密防范系统性安全风险，严厉打击敌对势力渗透、破坏、颠覆、分裂活动。全面加强国家安全教育，提高各级领导干部统筹发展和安全能力，增强全民国家安全意识和素养，筑牢国家安全人民防线。

（三）提高公共安全治理水平。坚持安全第一、预防为主，建立大安全大应急框架，完善公共安全体系，推动公共安全治理模式向事前预防转型。推进安全生产风险专项整治，加强重点行业、重点领域安全监管。提高防灾减灾救灾和重大突发公共事件处置保障能力，加强国家区域应急力量建设。强化食品药品安全监管，健全生物安全监管预警防控体系。加强个人信息保护。

（四）完善社会治理体系。健全共建共治共享的社会治理制度，提升社会治理效能。在社会基层坚持和发展新时代"枫桥经验"，完善正确处理新形势下人民内部矛盾机制，加强和改进人民信访工作，畅通和规范群众诉求表达、利益协调、权益保障通道，完善网格化管理、精细化服务、信息化支撑的基层治理平台，健全城乡社区治理体系，及时把矛盾纠纷化解在基层、化解在萌芽状态。加快推进市域社会治理现代化，提高市域社会治理能力。强化社会治安整体防控，推进扫黑除恶常态化，依法严惩群众反映强烈的各类违法犯罪活动。发展壮大群防群治力量，营造见义勇为社会氛围，建设人人有责、人人尽责、人人享有的社会治理共同体。

【关键点：中国式现代化与国家安全】

中共中央关于进一步全面深化改革 推进中国式现代化的决定[1]

（2024 年 7 月 18 日中国共产党第二十届中央委员会第三次全体会议通过）

……

一、进一步全面深化改革、推进中国式现代化的重大意义和总体要求

……

（3）进一步全面深化改革的总目标。继续完善和发展中国特色社会主义制度，推进国家治理体系和治理能力现代化。到二〇三五年，全面建成高水平社会主义市场经济体制，中国特色社会主义制度更加完善，基本实现国家治理体系和治理能力现代化，基本实现社会主义现代化，为到本世纪中叶全面建成社会主义现代化强国奠定坚实基础。

……

——聚焦建设更高水平平安中国，健全国家安全体系，强化一体化国家战略体系，增强维护国家安全能力，创新社会治理体制机制和手段，有效构建新安全格局。

……

十三、推进国家安全体系和能力现代化

国家安全是中国式现代化行稳致远的重要基础。必须全面贯彻总体国家安全观，完善维护国家安全体制机制，实现高质量发展和高水平安全良性互动，切实保障国家长治久安。

（50）健全国家安全体系。强化国家安全工作协调机制，完善国家安全法治体系、战略体系、政策体系、风险监测预警体系，完善重点领域安全保障体系和重要专项协调指挥体系。构建联动高效的国家安全防护体系，推进国家安全科技赋能。

（51）完善公共安全治理机制。健全重大突发公共事件处置保障体系，完善大安全大应急框架下应急指挥机制，强化基层应急基础和力量，提高防灾减灾救灾能力。完善安全生产风险排查整治和责任倒查机制。完善食品药品安全责任体系。健全生物安全监管预警防控体系。加强网络安全体制建设，建立人工智能安全监管制度。

（52）健全社会治理体系。坚持和发展新时代"枫桥经验"，健全党组织领导的自治、法治、德治相结合的城乡基层治理体系，完善共建共治共享的社会治理制度。探索建立全国统一的人口管理制度。健全社会工作体制机制，加强党建引领基层治理，加强社会工作者队伍建设，推动志愿服务体系建设。推进信访工作法治化。提高市域社会治理能力，强化市民热线等公共服务平台功能，健全"高效办成一件事"重点事项清单管理机制和常态化推进机制。健全社会心理服务体系和危机干预机制。健全发

---

〔1〕《中共中央关于进一步全面深化改革 推进中国式现代化的决定》，北京，人民出版社 2024 年版，第 4—5 页、第 40—42 页。

挥家庭家教家风建设在基层治理中作用的机制。深化行业协会商会改革。健全社会组织管理制度。

健全乡镇（街道）职责和权力、资源相匹配制度，加强乡镇（街道）服务管理力量。完善社会治安整体防控体系，健全扫黑除恶常态化机制，依法严惩群众反映强烈的违法犯罪活动。

（53）完善涉外国家安全机制。建立健全周边安全工作协调机制。强化海外利益和投资风险预警、防控、保护体制机制，深化安全领域国际执法合作，维护我国公民、法人在海外合法权益。健全反制裁、反干涉、反"长臂管辖"机制。健全维护海洋权益机制。完善参与全球安全治理机制。

国家安全教育公共基础课重要知识点整理[1]

1. 国家安全形势变化新特点新趋势[2]
2. 国家安全的含义[3]
3. 国家安全教育体系[4]
4. 不同时期中国共产党国家安全思想的主要内容
5. 总体国家安全观提出的重大意义
6. 总体、大安全
7. "4·15"[5]
8. "12339"[6]
9. 总体国家安全观的"五大要素"
10. 总体国家安全观的"五对关系"
11. 总体国家安全观的"十个坚持"

---

〔1〕 本重要知识点整理以教育部马克思主义理论研究和建设工程重点教材《国家安全教育大学生读本》（高等教育出版社 2024 年版）为依据。

〔2〕 2014 年，习近平总书记在中央国家安全委员会第一次会议上指出："当前我国国家安全内涵和外延比历史上任何时候都要丰富，时空领域比历史上任何时候都要宽广，内外因素比历史上任何时候都要复杂"；2022 年，党的二十大报告指出："当前，世界百年未有之大变局加速演进，新一轮科技革命和产业变革深入发展，国际力量对比深刻调整，我国发展面临新的战略机遇。同时，世纪疫情影响深远，逆全球化思潮抬头，单边主义、保护主义明显上升，世界经济复苏乏力，局部冲突和动荡频发，全球性问题加剧，世界进入新的动荡变革期。我国改革发展稳定面临不少深层次矛盾躲不开、绕不过，党的建设特别是党风廉政建设和反腐败斗争面临不少顽固性、多发性问题，来自外部的打压遏制随时可能升级。我国发展进入战略机遇和风险挑战并存、不确定难预料因素增多的时期，各种'黑天鹅'、'灰犀牛'事件随时可能发生"。

〔3〕《国家安全法》第 2 条规定："国家安全是指国家政权、主权、统一和领土完整、人民福祉、经济社会可持续发展和国家其他重大利益相对处于没有危险和不受内外威胁的状态，以及保障持续安全状态的能力。"

〔4〕《国家安全法》第 76 条规定："国家加强国家安全新闻宣传和舆论引导，通过多种形式开展国家安全宣传教育活动，将国家安全教育纳入国民教育体系和公务员教育培训体系，增强全民国家安全意识。"第 78 条规定："机关、人民团体、企业事业组织和其他社会组织应当对本单位的人员进行维护国家安全的教育，动员、组织本单位的人员防范、制止危害国家安全的行为。"2018 年，《教育部关于加强大中小学国家安全教育的实施意见》指出"推动国家安全学科建设""设立国家安全学一级学科"；2020 年 12 月 30 日，《国务院学位委员会 教育部关于设置"交叉学科"门类、"集成电路科学与工程"和"国家安全学"一级学科的通知》指出"为深入贯彻习近平总书记对研究生教育工作的重要指示精神，根据党和国家事业发展需要，按照《学位授予和人才培养学科目录设置与管理办法》的规定，经专家论证，国务院学位委员会批准，决定设置'交叉学科'门类（门类代码为'14'）、'集成电路科学与工程'一级学科（学科代码为'1401'）和'国家安全学'一级学科（学科代码为'1402'）"。

〔5〕《国家安全法》第 14 条规定："每年 4 月 15 日为全民国家安全教育日。"

〔6〕 2022 年，国家安全部发布《公民举报危害国家安全行为奖励办法》，其中第 4 条规定："公民可以通过下列方式向国家安全机关举报：（一）拨打国家安全机关 12339 举报受理电话；（二）登录国家安全机关互联网举报受理平台网站 www.12339.gov.cn；（三）向国家安全机关投递信函；（四）到国家安全机关当面举报；（五）通过其他国家机关或者举报人所在单位向国家安全机关报告；（六）其他举报方式。"

12. 总体国家安全观的"五个统筹"[1]

13. 总体国家安全观涵盖的重点领域[2]

14. 总体国家安全观的基本特征

15. 坚持党对国家安全工作的绝对领导

16. 国家安全领导体制[3]

17. 中央国家安全委员会的定位和职责

18. 中国特色国家安全道路的科学内涵

19. 中国特色国家安全道路的重要特征

20. 推进国家安全体系和能力现代化的重点任务

21. 发展和安全的辩证关系（统筹发展和安全[4]、统筹高质量发展和高水平安全）

22. 坚持系统思维构建大安全格局[5]

23. 以新安全格局保障新发展格局[6]

24. 以人民安全为宗旨的科学内涵（国家安全一切为了人民、一切依靠人民）

25. 政治安全面临的风险挑战

26. 以经济安全为基础的科学内涵

---

〔1〕 目前，总体国家安全观的"五个统筹"有两种表述，第一种是2021年党的十九届六中全会通过的《中共中央关于党的百年奋斗重大成就和历史经验的决议》指出"统筹发展和安全，统筹开放和安全，统筹传统安全和非传统安全，统筹自身安全和共同安全，统筹维护国家安全和塑造国家安全"；第二种是2022年党的二十大报告指出"统筹外部安全和内部安全、国土安全和国民安全、传统安全和非传统安全、自身安全和共同安全，统筹维护和塑造国家安全"。

〔2〕 总体国家安全观涵盖的重点领域随着经济社会的发展不断动态调整，目前的20个重点领域包括：政治安全、军事安全、国土安全、经济安全、金融安全、文化安全、社会安全、科技安全、粮食安全、生态安全、资源安全、核安全、海外利益安全、太空安全、深海安全、极地安全、生物安全、人工智能安全、网络安全、数据安全。

〔3〕《国家安全法》第4条规定："坚持中国共产党对国家安全工作的领导，建立集中统一、高效权威的国家安全领导体制。"

〔4〕 2017年，党的十九大报告指出"统筹发展和安全，增强忧患意识，做到居安思危，是我们党治国理政的一个重大原则。"

〔5〕 2020年，习近平在中共中央政治局第二十六次集体学习时强调："国家安全工作是党治国理政一项十分重要的工作，也是保障国泰民安一项十分重要的工作。做好新时代国家安全工作，要坚持总体国家安全观，抓住和用好我国发展的重要战略机遇期，把国家安全贯穿到党和国家工作各方面全过程，同经济社会发展一起谋划、一起部署，坚持系统思维，构建大安全格局，促进国际安全和世界和平，为建设社会主义现代化国家提供坚强保障。"

〔6〕 2021年，中共中央政治局召开会议审议《国家安全战略（2021—2025年）》《军队功勋荣誉表彰条例》和《国家科技咨询委员会2021年咨询报告》，会议指出"新形势下维护国家安全，必须牢固树立总体国家安全观，加快构建新安全格局"；2022年，党的二十大报告强调"以新安全格局保障新发展格局"；2023年，习近平主持召开二十届中央国家安全委员会第一次会议强调"要全面贯彻党的二十大精神，深刻认识国家安全面临的复杂严峻形势，正确把握重大国家安全问题，加快推进国家安全体系和能力现代化，以新安全格局保障新发展格局，努力开创国家安全工作新局面"。

27. 以军事、科技、文化、社会安全为保障的科学内涵[1]

28. 全球安全观（全球安全倡议）、全球安全治理

29. 全球发展倡议、全球文明倡议

30. 零和博弈、冷战思维、霸权主义、单边主义、长臂管辖等

31. 多边主义、新型国际关系

32. 生态、资源、网络、数据、人工智能等非传统安全风险

33. 国家利益（坚持政治安全、人民安全、国家利益至上有机统一）

34. 底线思维、忧患意识

35. 斗争精神、斗争本领（敢于斗争、善于斗争）

---

〔1〕 2014年，习近平总书记在中央国家安全委员会第一次会议上创造性提出总体国家安全观时指出"以军事、文化、社会安全为保障"；2021年，党的十九届六中全会通过《中共中央关于党的百年奋斗重大成就和历史经验的决议》表述为"以军事、科技、文化、社会安全为保障"；2022年，党的二十大报告表述为"以军事科技文化社会安全为保障"。